Potié · Le Couvent Sainte Marie de La Tourette /
The Monastery of Sainte Marie de La Tourette

Philippe Potié

Le Corbusier:
Le Couvent Sainte Marie de La Tourette
The Monastery of Sainte Marie de La Tourette

Fondation Le Corbusier, Paris
Birkhäuser Publishers Basel · Boston · Berlin

Translation from French into English: Sarah Parsons, Paris

A CIP catalogue record for this book is available from the Library of Congress, Washington D.C., USA.

© 2001 Birkhäuser Verlag GmbH, Basel
  P.O.Box 44, 4009 Basel, Switzerland
  Part of Walter de Gruyter GmbH, Berlin/Boston
© 2001 Fondation Le Corbusier, Paris, pour l'ensemble de l'œuvre de Le Corbusier

Printed in Germany

ISBN 978-3-7643-6298-0

9 8 7 6 5 4 3 2   www.birkhauser.com

Contents[1]

Introduction 7
Orientation Guide 8
· Promenade architecturale 10
· The Site 26
· The Living Quarters: 30
  Entrance 30
  Roof Terrace 32
  Monastic Cells 34
  Communal Living Space 40
  Circulation Zones 44
  The Pilotis 46
· Prayer Quarters: 46
  The Oratory, Sacristy, Church
  and Side Chapel 46
  Tour of the Grounds 48
  Tour of the Interior 52

History of the Project 58
· The Client: Father Marie-Alain
  Couturier 60
· Co-ordinating Architects: Iannis
  Xenakis and André Wogenscky 63
· The Design Phase (1953–1956) 64

History of the Construction Process
78
· The Contracting Firm 80
· The Structural Frame 83
· The Three Wings 84
· The Construction Phase
  (1956–1960) 86

The Lesson of the Monastery 90
· Points of Reference: 92
  From the Charterhouse of Ema
  to the Unités d'Habitation 92
  Thoronet Abbey and the
  Monastery of Mt. Athos 95
  Pilotis, Roof Terrace and Ramp 96
  Pilotis: An Open Garden 99
  The Roof Terrace:
  A Garden of Meditation 99
  The Ramp 100
· Materials and Their Application 102
  Concrete 102

Sommaire[1]

Introduction 7
Parcours de visite 8
· Promenade architecturale 10
· Situation 26
· Habiter: 30
  L'entrée 30
  Le toit terrasse 32
  Les cellules 34
  Les espaces communautaires 40
  Les circulations 44
  Les pilotis 46
· Prier: 46
  L'oratoire, la sacristie,
  les cryptes, l'église 46
  Parcours extérieur 48
  Parcours intérieur 52

Histoire du projet 58
· Le commanditaire:
  le Père Marie-Alain Couturier 60
· Les collaborateurs: Iannis
  Xenakis et André Wogenscky 63
· Histoire du projet: 1953–1956 64

Histoire du chantier 78
· Les entrepreneurs 80
· La structure 83
· Les trois ailes 84
· Le chantier: 1956–1960 86

Les leçons du couvent 90
· Les références: 92
  De la Chartreuse d'Ema aux
  Unités d'Habitation 92
  De l'abbaye du Thoronet au
  monastère du mont Athos 95
  Pilotis, toit terasse, rampe 96
  Pilotis: le jardin ouvert 99
  Le toit terrasse:
  jardin de méditation 99
  La rampe 100
· Matière et mise en œuvre 102
  Matière: le béton 102
  Au-delà du rationalisme:
  «Hiératisme» 107

Beyond Rationalism: "Hieratism" 107
Marks, Motifs and Imprints 108
· The Machine and Rationality:
  The Engineer 112
· Arbitrary Forms: The Architect 114
· Profiling 114
· Sketching the Outline 115
· Measurements and Proportions 116
· The Music of Numbers 120
· The Sculptor 126

Notes 130
Bibliography 134

Trace, motif, empreinte 108
· Machine et rationalité:
  l'ingénieur 110
· Arbitraire: l'architecte 114
· Modénature 114
· Le dessin: tracer 115
· Le nombre: mesurer 116
· La musique des nombres 120
· Le plasticien 126

Notes 130
Bibliographie 134

Introduction

"Create a silent dwelling place for one hundred bodies and one hundred hearts". Such was the prayer that Father Marie-Alain Couturier offered up to Le Corbusier, whom he regarded as "the greatest living architect". On hearing these words, the 66-year old Le Corbusier immediately thought of the Carthusian monastery of Ema he had visited during his trip to Italy in 1907, and which he had henceforth lauded as an archetype in his writings. With Father Couturier's commission, he would now be able to fashion his own interpretation of the monastic model. However, it was a challenge that raised one essential question: would the built work be the product of a "criminal or worthy act"? It was with this question in mind that Le Corbusier travelled down to the site on 4 May 1953; there, on a hill in Eveux, he breathed in the ambience of the surroundings and, sketchbook in hand, started to compose the shapes and forms of the monastery.

Introduction

«Loger cent corps et cent cœurs dans le silence», telle fut la prière adressée par le père Marie-Alain Couturier à celui qu'il considérait comme le «plus grand architecte vivant». Pour Le Corbusier, alors âgé de 66 ans, le souvenir de la Chartreuse d'Ema s'impose. Dès ses premiers écrits, il avait érigé ce monastère découvert lors de son voyage en Italie au rang d'archétype. Aussi, lorsque le père Couturier lui adresse ce programme, le projet de se confronter avec ce modèle se présente-t-il inévitablement à son esprit; il allait pouvoir donner son interprétation du modèle conventuel. Ce «défi» ouvre, avec le temps du projet, l'espace d'un doute à la mesure de l'enjeu: cette architecture sera-t-elle «criminelle ou valable»? C'est en ces termes que Le Corbusier s'interroge en se rendant le 4 mai 1953 sur la colline d'Eveux où, prenant la mesure des lieux, il décidera, carnet à la main, des caractères distinctifs du couvent.

Site of the monastery

Le site du couvent

Orientation Guide

Parcours de visite

Promenade architecturale

3

4

5

6

7

8

9

10

11

12

13

14

17

18

19

1 West facade
Façade ouest

2 South facade
Façade sud

3 East facade – belfry and light cannon
Façade est – Clocher et canon à lumière

4 South facade – sacristy
Façade sud – Sacristie

5 Inside the monastery – circulation zones
Intérieur du couvent – Circulation

6 Inside the monastery – comb-shaped
pilotis and spiral staircase
Intérieur du couvent – Pilotis en peigne
et escalier en colimaçon

7 Crypt and altar
Crypte et autel

8 Gargoyle on the spiral staircase
Gargouille de l'escalier en colimaçon

9 Church (interior)
Eglise – Intérieur

10 Church (interior)
Eglise – Intérieur

11 Loggia of a cell
Loggia d'une cellule

12 Atrium (interior)
Atrium – Intérieur

13 Inside the monastery – church and
sacristy
Intérieur du couvent – Eglise, sacristie

14 North facade
Façade nord

15 Oratory
Oratoire

16 Inside the monastery – atrium and
corridor leading to the church
Intérieur du couvent – Atrium et
circulation vers l'église

17 Living quarters –H and Z panels
Ailes d'habitation – Panneaux H et Z

18 View down into the monastery
Vue sur l'intérieur du couvent

19 Nave
Nef

20 Interior circulation zones
Circulation intérieure

The Site

As of the thirteenth century, Dominican monasteries became famed as Meccas for theological and philosophical thought[2], but were nonetheless located close to towns and cities given that the Order's initial vocation was to awaken spirituality in people. Continuing this tradition, the Provincial Dominican Council for the Lyons region decided after the Second World War to commission a local monastery for the purpose of training friars.

By 1960 the construction was practically completed and young friars would travel 25 kilometres by train from Lyons, getting off at L'Arbresle which is snuggled in a valley just below the monastery. If they had no means of transport other than their own two feet, then they would have to start the long climb up from the station. The Massif Central foothills are fairly steep, and the site is at the top of a hill so it is like scaling a huge ramp, with the hilly region slowly unfolding before one's eyes. The actual physical effort required in accessing the monastery begets the sensation of private retreat. The building remains elusively hidden along the uphill climb, its facades slipping out of sight, and then, once at the top, the wall of the north-east entrance looms starkly in front yet concealing all the wonders within.

Perched on the slope of a steep hill, four hefty structures mark out a rectangular precinct that frames a central "cloister". The very simplicity of this strict plan mirrors ancient monasteries and medieval abbeys yet the ensuing sobriety is offset by a complex interplay of pilotis, stairs, ramps and "con-

Situation

La formation intellectuelle des pères dominicains présida à la fondation, dès le XIIIe siècle, des premiers couvents qui devinrent de hauts lieux de la réflexion théologique et philosophique[2]. La vocation initiale de cet ordre prêcheur le destinait à se rapprocher des villes pour aider à l'éveil spirituel des populations. Fidèle à cette tradition, après la seconde guerre mondiale, le conseil provincial des Dominicains pour la région de Lyon décide d'édifier un couvent afin d'encadrer la formation des frères.

À partir de 1960, le couvent presque achevé, le jeune frère venant de Lyon situé à 25 km faisait escale à L'Arbresle dans la vallée encaissée en contrebas du couvent. S'il ne trouvait pas de moyen de transport, il lui fallait ensuite gravir un long chemin depuis la gare. La déclivité de ces contreforts du Massif Central est assez forte et le couvent se trouvant placé au sommet d'une colline, la route devient une grande rampe d'où l'on découvre progressivement les monts du Lyonnais. L'accès au couvent se mérite et construit, par l'effort physique demandé, son isolement. Arrivé au bout de ce parcours, sans avoir pu véritablement découvrir les bâtiments dont les façades se dérobent à la vue, la paroi sombre de l'entrée nord-est se présente, masquant encore, avec l'intérieur du couvent, l'originalité de son parti.

Sur un flanc de colline en forte déclivité quatre corps de bâtiment délimitent une enceinte rectangulaire encadrant un «cloître» central. Ce plan rigoureux évoque dans sa simplicité les premiers couvents et abbayes médiévales. Cette sobriété est cependant contredite par un jeu complexe de pilotis, d'escaliers, de

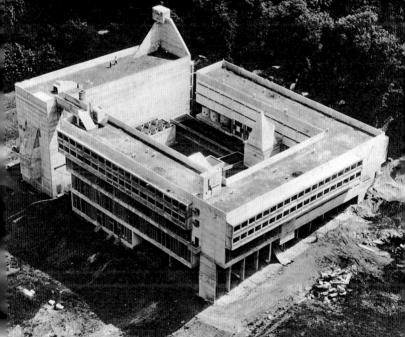

Aerial views of the monastery

Vues aériennes du couvent

duits" that contradict the initial static order. The buildings reach down from the "horizontal top line" of the roof terrace, each of them touching the ground in different ways: the church, the crypt-like side chapel and the sacristy are all anchored to the hillside, whereas the three wings of living quarters hover above the ground, resting on spindly pilotis of myriad shapes and forms. These unlock glimpses of the central void containing the enclosed "cloister" whose form bears none of the features of traditional cloisters; instead, one follows an internal "promenade" intricately interwoven with diverse components contrasting sharply with the underlying simplicity of the plan. A number of structures further enrich this marriage of openings and enclosed space while setting out a game of geometry – the pyramid shape of the oratory for example, or the billowing wall of the side chapel, the spiralling outdoor staircase of the atrium and the three cylindrical "light cannons" that take up their place in a fenestration design orchestrated by multiple variants of the "fenêtre à longueur" [strip window].

The monastery is accessed from its least eloquent side and at the top – the wrong way round as it were. The imposing mass of the north wall of the church suddenly rises up against the sunlight, recalling images of ancient walled abbeys. Several meters on, the wall stops, and through the gap there can be glimpsed a host of forms and volumes that set the scene in the central cloister area. Looking down on to this space, one gains some insight into the underlying design principles. It is here that the volumes are raised from the ground, seeming to hang oddly in

rampes et de «conduits qui» vont déstabiliser cette statique initiale. Conçus à partir de «l'horizontale au sommet» du toit-terrasse, les bâtiments «rejoignent» le sol de manière différenciée. Si l'église, la crypte et la sacristie ancre la masse imposante de leur mur dans la roche, les trois ailes d'habitations comme les «conduits» s'appuient sur de légers pilotis aux tailles et aux formes les plus variées. De ce fait, le vide central du «cloître», fermé dans son plan, est ainsi réouvert par les espacements ménagers par le jeu des pilotis verticaux. Dans le même temps, les lieux de vie conventuels sont mis en sustentation, flottant en quelque sorte au-dessus du sol devenu inaccessible dès lors qu'on entre dans le couvent. La référence au cloître traditionnel disparaît alors au profit d'une promenade intérieure dont la complexité des entrelacs contredit la simplicité initiale du plan. Pour enrichir ces jeux d'ouvertures et d'obturation spatiale, de nombreux édicules viennent animer cette volumétrie déjà fortement articulée. La pyramide de l'oratoire, l'ondulation du mur de la crypte, la spirale de l'escalier extérieur de l'atrium comme les cylindres des «canons à lumière» viennent prendre place dans une scénographie orchestrée par les multiples versions imaginées à partir de la «fenêtre en longueur».

On accède au couvent par son sommet et par sa face la moins présente, à rebours en quelque sorte. La masse imposante et en contre jour de la face nord de l'église émerge brusquement, évoquant les images des anciennes abbayes fortifiées. Quelques mètres plus loin la muraille s'interrompt pour révéler, dans une faille taillée dans le mur d'enceinte, la diversité des formes et des volumes qui animent l'espace central du cloître. La vue plongeante sur cet espace décou-

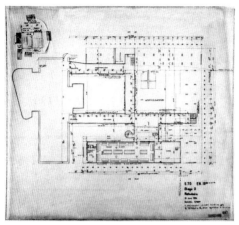

Plans and cross-section
(FLC 1047, FLC 1051, FLC
1078)

Plans et coupe du couvent
(FLC 1047, FLC 1051, FLC
1078)

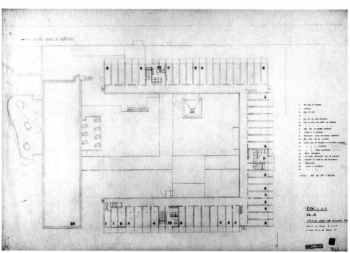

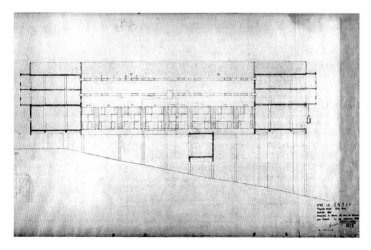

mid-air, although in truth they are moored to the banks of the hills by a forest of pilotis planted in the earth. By introducing this aspect of architectural levitation right from the moment one approaches the building, the self-sufficient nature of monastic life is underscored. In addition, Le Corbusier's beloved reference to ocean liners can be seen in one of its most literal forms here. From the very outset therefore, one's relationship with the site hinges purely and simply on the visual spaces created by skilful framing.

Starting from this upper point, the visitor follows a downward path of "conduits" and stairs that lead to the various buildings, discovering the secrets of the monastery along the way.

The Living Quarters

Entrance

In 1955, Le Corbusier drew a sketch for "Still Life",[3] a sculpture that plays on a tense pull generated by an orthogonal frame containing a series of shapes that curve in both an orderly and random fashion. This tension is heightened by a palette of bright colours, and the whole work seems to float above a "natural floor", which in fact is the plinth.

The monastery entrance offers up this same play on sculptural syntax and can be read as a prelude of sorts. The area is entirely open plan, as if there were no limits – there is not even a guard rail. As for the porch (composed of a single portico), this acts as a frame, calling to mind the arguments set forth by Le Corbusier in his debate with Perret on the strip window which

vre le principe qui ordonne le projet. La sustentation des volumes au-dessus du sol apparaît à ce moment, donnant l'impression étrange que les bâtiments flottent, simplement amarrés au rivage des collines par une forêt de pilotis plantés en terre. L'autarcie du mode de vie monacal se donne à lire dès l'entrée dans cette lévitation des formes architecturales. La référence au modèle du paquebot transatlantique, cher à Le Corbusier, trouve ici l'une de ses formalisations les plus littérales. Après être entré dans le couvent, le rapport au site ne se construit plus alors que par la composition des espaces visuels que l'architecture de l'édifice règle selon des cadrages savants.

Partant de ce point haut, le couvent se découvre donc en suivant la déclivité des conduits et escaliers desservant les bâtiments. C'est ce parcours descendant qui guide le promeneur.

Habiter

L'entrée

En 1955, Le Corbusier compose «Nature-morte»[3]. Cette sculpture joue sur l'opposition d'un cadre orthogonal mettant en scène des surfaces et des volumes aux courbes réglées ou aléatoires que renforce le traitement de plages colorées. L'ensemble paraît flotter au-dessus d'un «sol naturel» qui forme le socle.

L'espace d'entrée qui accueille le visiteur retrouve ce même jeu d'écriture plastique et s'offre comme prélude à la découverte de l'œuvre. Le plan libre de la dalle affirme initialement son indépendance, aucun élément ne venant masquer sa limite, Le Corbusier allant

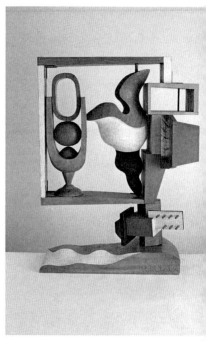

Interior view

Vue sur l'espace intérieur du couvent

"Still Life", 1957 (FLC 19)

«Nature morte», 1957 (FLC 19)

Entrance – bench and mound

Portail d'entrée banc et monticule

were to feed his philosophy on using fenestration to frame vistas. The overall result is thus a rational space stamped with vertical and horizontal planes in which sculptural objects take up their respective positions. A reception office sits in the foreground, composed of polylobed curves that sweep and swerve in glorious freedom. Here, Le Corbusier was repeating Phidias' lesson of the Parthenon: "It is in his contours that we can trace the plastic artist; the engineer is effaced and the sculptor comes to life"[4]. The visitor's eye is then drawn to a bizarre looking mound that leads on from a bench in front of the office, marking a horizontal line. There are reports (of rather questionable reliability) that this contains debris from the building site, which was supposedly covered with concrete screed. Whether this be true or not, the shapeless knoll does serve to enigmatically close off the taut sightline through the porch. The near-brutal rationality of the floor slabs contrasts with the capricious nature of the sculptural curving planes: "We can see that it is no longer a question of customary use nor of tradition, nor of constructional methods, nor of adaptation to utilitarian needs. It is a question of pure invention, so personal that it may be called that of one man"[5]. Indeed, the whole design concept of the monastery is grounded in this duality of shape and shapelessness.

Roof Terrace

The roof terrace was originally designed to accommodate the cloister – Le Corbusier envisioned monks at prayer walking round and round the flat roof beneath arches that were supposed to have crowned the edifice.

même jusqu'à se dispenser de garde-corps. Le simple portique qui constitue le porche vient ensuite rappeler la fonction de cadrage visuel affecté au traitement de la «paroi» verticale. Ce «rappel» évoque les premières prises de position qui l'opposèrent à Perret dans le débat sur la fenêtre en longueur et qui donnèrent lieu par la suite aux développements de sa philosophie de la «fenêtre» comme cadre visuel. Dans l'espace «rationnel» défini par l'articulation de ces deux plans horizontaux et verticaux, l'objet plastique vient dans un troisième temps prendre sa place. Au premier plan, les courbes polylobées du local d'accueil affirment la liberté qui préside à leur tracé. Le Corbusier reprend la leçon de Phidias au Parthénon: «A la modénature, on reconnaît le plasticien, l'ingénieur s'efface, le sculpteur travaille.»[4] À l'arrière-plan, dans le prolongement de la barre horizontale du banc, la volumétrie aléatoire d'un monticule attire le regard. À «l'inquiétante étrangeté» de cette forme, des récits apocryphes ont répondu en affirmant qu'il s'agissait là des restes du chantier coulés sous une chape de ciment… L'informe du monticule clôt par son énigme la rigoureuse perspective ouverte par le cadre du porche. À la rationalité presque brutale de la dalle s'oppose l'arbitraire plastique qui préside au dessin des surfaces incurvées: «On mesure qu'il ne s'agit plus d'usage ni de traditions, ni de procédés constructifs, ni d'adaptations à des besoins utilitaires. Il s'agit de l'invention pure, personnelle au point qu'elle est celle d'un homme…»[5]. Cette dualité de la forme et de l'informe sert d'exergue à la lecture du couvent tout entier.

Le toit terrasse

Le toit terrasse devait originellement accueillir le cloître. Sous des arcades qui

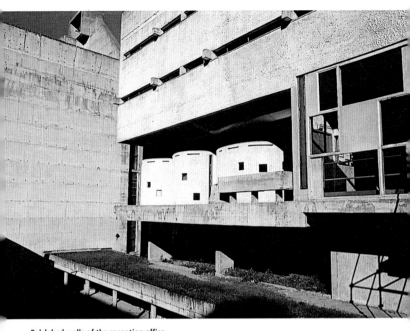

Polylobed walls of the reception office

Parois polylobées du local d'accueil

Although this design solution never saw the light of day, the area is nonetheless very much a place for strolling and meditating. A wall measuring 1.83m (the height of a man) was put up to prevent the monks from gazing out to the maze of surrounding hills, thus ensuring that they concentrate on the spiritual task at hand. In return, though, the mysterious volumes of the architecture provide abundant food for metaphysical thought: there is the prism of zenithal light created by the church, the abstract sculptural forms engendered by the belfry, the broken line of the steps, the simple shape of a planted hillock, and the geometric design of the staircase rooflight. Such plain vocabulary can be said to mirror Cistercian art and lifestyle, which Father Couturier had encouraged Le Corbusier to use as a model.

The Monastic Cells

There are two floors of cells, linked by three steep flights of stairs requiring careful footwork. Having passed this test, one arrives in a corridor that runs along the three wings of living quarters leading to all the cells. These access corridors, whose squared section measures 2.26m, are lit by thin horizontal slits offering visitors long zoom-like views of the building's interior shapes. The theme of the strip window is afforded a cinematic dimension here, serving as a backdrop to the architectural narrative of the cloister as it unravels like a ribbon. Whereas the structural staging of the monastery is screened on the roof terrace by a wall, in the corridors it is unveiled by the slits which are placed at a height of 1.42m; the vistas are tightly framed, though, as each chink only measures 33cm high.

auraient couronné l'édifice, Le Corbusier imaginait les moines en prière circulant sur le pourtour des toits terrasses. Bien que ce programme n'ait pu être réalisé, cet espace est resté cependant un lieu de méditation, un promenoir. Pour favoriser cet état de concentration spirituelle, un mur à hauteur d'homme a été dressé à 1,83 m pour empêcher que le regard aille se perdre dans le dédale des collines avoisinantes. En contrepartie, l'architecture offre à la démarche contemplative des volumes énigmatiques où la réflexion métaphysique peut trouver réconfort et stimulation: prisme d'éclairement zénithal de l'église, sculpture abstraite du clocher, ligne brisée de l'emmarchement, simplicité d'une butte végétale, dessin géométrique de la lanterne de l'escalier. Cette sobriété de langage fait écho à l'art et au mode de vie cisterciens donnés en modèles par le Père Couturier à Le Corbusier.

Les cellules

Trois escaliers relient les deux niveaux de cellules en exigeant du visiteur une attention particulière compte tenu de la raideur de leur pente. Cette épreuve passée, on accède au corridor qui dessert les cellules sur toute la longueur des trois ailes d'habitation. Ces couloirs de section carrée de 2,26 mètres sont éclairés par une fente lumineuse qui permet également de découvrir dans un long travelling les volumes animant l'intérieur de l'espace du bâtiment. Le thème de la fenêtre en longueur prend ici une dimension cinématique en faisant défiler ce ruban qui déroule le récit de l'architecture intérieure du cloître. Alors que le mur du toit terrasse cachait au regard le spectacle du couvent, la fente du couloir le lui révèle en cadrant strictement l'angle de vue. La fente placée à 1,42 m ne mesure que 33 cm de haut.

1

1 Rooftop promenade
  Promenade du toit-terrasse

2 Skylight (access staircase)
  Lanterne d'éclairage de l'escalier d'accès

3 Corridor leading to the cells
  Couloir desservant les cellules

4 View through the chink-like openings
  Vue depuis la fente lumineuse

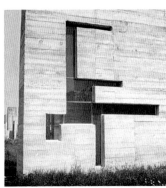

2

3

4

At either end of the corridors, i.e. at the end of each wing, one's gaze falls upon a rather ambiguous shape – a square opening pierced into the wall to which a sculptural object called "a concrete flower" is attached. It comprises a single slab of concrete angled so as to reflect the light, all the while masking views of the surrounding landscape. The aim of this window and its attachment is not to serve as an opening and closing device, but rather as an instrument for staging a scene that produces a mechanical, photographic effect. Just like the monstrous figures on medieval capitals, these "concrete flowers" spy on people walking by and render them unsure of what they are actually seeing.

Given their role as places of meditation, the monastic cells were accorded special treatment in the design process, but in a different way to the roof terrace. In addition, since Le Corbusier perceived cells as the exemplar of functional space, the element of unity that links man with the activities he performs and the space surrounding him had to be expressed more clearly here than anywhere else.

The guiding threads used in weaving the design of the cellular spaces were spun from the famous Modulor, a harmonic measure to the human scale based on the golden section. This translates into the height of a man standing with his arm raised, i.e. 2.26m. The same measure was applied to the width of the fathers' cells (those of the friars are only 1.83m wide). All the cells measure 5.92m long, representing another Modulor proportion. The aim of the Modulor is to provide a harmonious link between man and his surrounding space on the

À chaque extrémité des couloirs, sur le pignon de chaque aile, le regard se confronte à la figure ambiguë d'une ouverture carrée pratiquée dans le mur s'ouvrant et se fermant à la fois sur un objet-sculpture qui reçut le nom de «fleur de béton». Simple plaque de béton inclinée de manière à réfléchir la lumière tout en masquant la vue sur le paysage environnant, ce dispositif n'a pas de fonction si ce n'est de mettre en scène ce jeu sans fin d'ouverture et d'obturation qui de l'œil jusqu'à la mécanique photographique fait naître le regard. Telles les figures monstrueuses qui ornaient les chapiteaux médiévaux, ces «fleurs de béton» épient le promeneur pour mettre en doute les certitudes de son regard.

Autre lieu de méditation, la cellule monacale fait l'objet d'un traitement particulier, mais sur un registre différent. Pour Le Corbusier, la cellule est une figure exemplaire d'espace fonctionnel. L'unité qui relie l'homme, son activité et la forme spatiale doit pouvoir s'exprimer ici avec plus de clarté qu'ailleurs. Pour cette raison aussi, le module de la cellule servira d'étalon à la composition du projet tout entier.

Les réflexions développées autour de la conception d'un système de mesures harmoniques basé sur le nombre d'or qu'il rendra célèbre sous le nom de Modulor, servent de fils conducteurs au dessin de cet espace. Ainsi la hauteur est-elle celle de l'homme la main levée, soit 2, 26 m. La même mesure est donnée à la largeur pour la cellule des pères (1, 83 m seulement pour celle des frères). La longueur de 5, 92 m reprend une autre valeur du Modulor. Le Modulor, ici partout présent, tend à mettre en accord l'homme et son espace, par la force du nombre et de la mesure dans l'espoir de

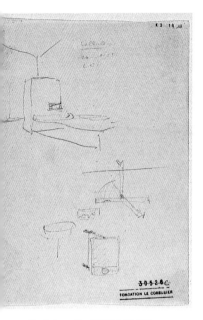

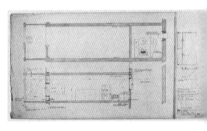

Wardrobe and bed (FLC K3-19-166)

Perspective sur l'ensemble armoire et lit
(FLC K3-19-166)

Plan of a cell (FLC 1075)

Plan de la cellule (FLC 1075)

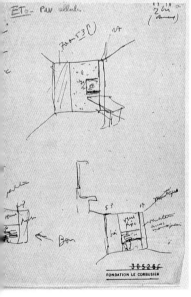

Sketch of a cell (FLC K3-19 171)

Esquisse de la cellule (FLC K3-19 171)

strength of numerical proportions; the fact that it is omnipresent in the monastic cells of La Tourette reveals the extent to which Le Corbusier was seeking functional and architectural unity.

The various openings in the cells are equally designed to Modulor proportions, as is evidenced in the measurements of the loggias and window frames. Also, as the friars would be devoting a large part of their day to studying in their cells, Le Corbusier paid careful attention to the work area, playing on interior and exterior space. Here, the design concept is grounded in a dialectical relationship between the desk and the loggia, with glazing acting as a hinge that visually connects the two spaces. The walls are finished with sprayed plaster, resembling whitewash, which Le Corbusier felt evoked the spiritual aspect of asceticism.

The cells of the monks run around the top two floors on the exterior rim of the building, hence forming the "horizontal top line" sketched by Le Corbusier on his very first visit to the site. Since it was a question of "housing men" on these two floors, it was decided that the same procedure should be adopted as the one used for the Unités d'Habitation in Marseilles and Rezé-les-Nantes. The facades are thus made of prefabricated pebble-dashed concrete, and the moulds designed for Rezé-les-Nantes were even transported to the monastery, with the wall panels being cast on site. Secular and lay housing come together here then, seated in the design logic of the Charterhouse of Ema that Le Corbusier had discovered at the dawn of his career and which became his model for collective living space.

créer cette unité fonctionnelle et architecturale dont Le Corbusier avait établi le programme.

Les valeurs du Modulor aident de la même manière au dimensionnement des diverses ouvertures: la loggia et les huisseries des fenêtres en reprennent les cotes. Les frères consacrant une grande partie de la journée à étudier dans leur cellule, Le Corbusier a particulièrement étudié l'espace de travail qui joue sur l'articulation des espaces intérieurs et extérieurs. Le dispositif repose sur la mise en relation de l'espace constitué par le bureau avec celui de la loggia par l'entremise de la paroi vitrée qui forme la charnière par laquelle le regard assemble les deux lieux. Un simple enduit blanc projeté recouvre les murs à la manière du lait de chaux dont la pauvreté revêtait pour Le Corbusier une valeur spirituelle liée à l'ascétisme qu'il évoque.

À l'extérieur, les deux niveaux supérieurs de cellules couronnent le bâtiment en définissant cette «horizontale au sommet» dont Le Corbusier énonça le principe dès sa première visite du terrain. Puisqu'il s'agissait «de faire habiter des hommes» ces deux niveaux devaient être traités à la manière des Unités d'Habitation de Marseille ou de Rezé-les-Nantes. Constructivement, le même travail des façades est repris avec l'utilisation d'éléments préfabriqués en béton dans lequel affleurent des galets. Les moules mis au point pour Rezé-les-Nantes furent pour cela transportés au couvent et les panneaux coulés sur place. Habitats séculier et régulier sont ainsi conçus dans une perspective commune découverte par Le Corbusier à l'aube de sa carrière avec la Chartreuse d'Ema dont il fit son modèle de vie collective.

South facade   Façade sud

East facade   Façade est

Communal Living Space

The first three floors are dedicated to communal areas. Given that the monastery was built as a teaching institution for novices, the library and classrooms occupy all three wings of the third storey. The second storey of the west wing, which is arranged around a central atrium and impressive shaft-like columns, is given over to the refectory and the chapter house; it is to be noted that there is no other wing on this level as the south wing is borne up on pilotis at this point and the east wing touches the ground due to the drop in land level. The kitchens are on the floor below. All these public spaces are arranged around two pillars placed 2.2m away from the facade, thus falling in line with the principle of separating load-bearing elements and inner walls. The outer and inner walls feature a specific screen-like design solution characterized by H and Z panels[6] on one side (so-called due to their form) and "pans de verre ondulatoires" [undulating glazing] on the other side.

The H and Z panels were the outcome of research into standardized wall components as described in Le Corbusier's publication on the Modulor, and were supposed to project the rationality of mass production. However, they ended up being cast in-situ; they were also produced in different sizes, due to the skewed grid pattern of the load-bearing structure. And so the dreams of mass production fell by the wayside. Although early versions of the curtain wall were being produced around this time, the facade panels of La Tourette more closely resemble the system of "respiration exacte" [so-called by Le

Les espaces communautaires

Les trois niveaux inférieurs sont destinés à la vie communautaire. Le couvent étant dédié à la formation des novices, la bibliothèque et les salles de cours occupent la totalité des trois ailes du troisième niveau. Le second niveau avec ces conduits et son atrium central, reçoit le réfectoire et la salle du chapitre de la seule aile ouest (les deux autres ailes reposant à ce niveau au sol ou sur pilotis). Les cuisines forment le premier niveau, le seul aisément accessible aux livraisons. Fidèles au principe de distinction entre éléments porteurs et parois, ces espaces se composent autour des deux piliers placés à 2,20 m de la façade. Les parois, les cloisons comme les éléments de façade marquent par leur traitement différencié leur seule fonction d'écran. Aussi c'est par la qualité propre des parois de façades que chaque espace trouve son caractère. Le dessin des panneaux préfabriqués (baptisés H et Z[6] en référence à leur dessin) réservés aux façades intérieures d'une part, les «pans de verre ondulatoires» d'autre part déterminent la composition.

Ces panneaux représentent l'aboutissement, exposé dans les chapitres du Modulor, d'une recherche sur la réalisation d'éléments de paroi standardisés. L'objectif d'une production industrielle, énoncé dès les années 20, marque ainsi de ses accents rationalistes le dessin des façades. Les panneaux H et Z sont en l'occurrence simplement coulés à plat sur le chantier même, avant d'être mis en place. De plus, les contraintes de dimensionnement liées à la trame irrégulière de la structure porteuse ont nécessité la création de variantes nombreuses qui ont fait oublier les rêves de production en série. Alors que se développent dans la même période les pre-

Prestressed pillars and beams in the refectory

Piliers et poutres précontraintes du réfectoire

H and Z prefabricated panels inside the refectory

Panneaux préfabriqués H et Z de l'intérieur du réfectoire

Corbusier to denote a double-skin system] which was first used in the Cité de Refuge project.

This modular system was originally intended to cover all the facades, but during the design phase another concept came to light whereby the Modulor was accorded a totally different use. It was decided to juxtapose reinforced concrete mullions with floor-to-ceiling glazing of varying width, with the walls of the facade being clad in the glazing, and the opaque mullions placed at varying intervals along these walls. The rippling effect produced by these "ondulatoires" is central to the overall scheme and as a result, the static H and Z panels adopt more of a backseat role. In addition, the functions of lighting and ventilation are divorced; ventilators are slotted between the mullions and are composed of pivoting panels shaped like aeroplane wings.

The refectory can be read as a synthesis of the mass production theme that prevails in the monastery's three functional wings, with the raw logic of the free plan exposed in the strapping structural frame of bare, pre-stressed concrete. The substructure speaks out, offering up a face wiped clean of make-up and composed of the materials of the times. With regards to the notion of mass production, this is conveyed in the manufactured aspect of the wall panels, which clearly distinguishes them from the structural frame. Yet despite a striving for uniformity, the frame, the H and Z panels and the "ondulatoires" all betray the singular inventiveness that went into their creation. The fact that they are brought together in this one place would seem almost fortuitous, for un-

mières versions de murs-rideaux, ces panneaux témoignent d'une vision apparue dès le projet de la Cité de Refuge. Le concept de «respiration exacte» est d'ailleurs toujours présent tout comme la séparation des fonctions d'éclairement et de ventilation, cette dernière étant assurée par des panneaux pivotant au profil d'aile d'avion. Ces aérateurs qui courent sur la hauteur d'étage s'intercalent entre les panneaux.

Ce système modulaire aurait dû couvrir l'ensemble des façades si, au cours de l'étude, un nouveau concept ne s'était fait jour. Basés sur la simple juxtaposition de potelets en béton armé et de verre de largeur variée, les pans de verre font du Modulor un usage bien différent. Ils revêtent les façades extérieures alors que les panneaux ne sont plus réservés qu'aux façades intérieures. Le caractère dynamique des ondulatoires, qui sera souvent repris, est l'un des éléments déterminants du projet et relègue à un rôle secondaire la conception plus statique des panneaux H et Z.

Le grand réfectoire offre l'image synthétique du processus de composition sérielle qui prévaut dans la conception des trois ailes fonctionnelles du couvent. La logique première du plan libre s'affirme dans l'imposante structure de béton précontraint livré brut de décoffrage. L'infrastructure parle, offrant le visage sans fard des matériaux mis en œuvre selon le mode de production dominant de l'époque. La production sérielle s'énonce quant à elle dans l'accrochage des panneaux dont le mode de fabrication se distingue clairement de celui de l'ossature. Contre toute volonté de continuité, l'ossature, les panneaux H et Z et les ondulatoires revendiquent le principe d'indépendance qui préside à leur création. Leur rapprochement en ce lieu paraît

Undulating glazing in the refectory

Pans de verre «ondulatoires» du réfectoire

Swivel ventilator

Aérateur pivotant

H prefabricated panels

Panneaux préfabriqués H

43

like the sculptural approach that dominates the chapel at Ronchamp rationality is the ruling element here. Collage and juxtaposition reign, engendering segmentations and divisions as well as uniformity. The combination of these elements, along with the shaft-like columns, make the refectory an important lesson in rational style, the foundations of which were laid by Le Corbusier.

Circulation Zones

To connect the various spaces, Le Corbusier inverted the traditional model of a square cloister and instead designed a cruciform shape composed of what he termed two "conduits" [corridors] supported by pilotis. The church, classrooms and atriums are linked via these conduits which comprise a blank side and a glazed side crinkling with "ondulatoires". Once again, the cinematic effect comes into play. Along the whole "promenade", not only are we steeped in the dual sensation of hovering and fast-motion, but we also become physically aware of the void severing the building from the ground. It is like walking on a sheltered deck, setting in motion a poetic experience of sorts. The undulating movement of the floor-to-ceiling glazing adds to the dramatic effect, characterized by a pattern of "compressions" and "decompressions" that seems to match one's own breathing while walking along. This sensation reaches its apotheosis at the 9° incline of the ramp leading to the church. Altogether then, the "promenade architecturale" showcased here provides a fine illustration of the theme of kinetic art that runs through the monastery.

formellement presque fortuit. À l'inverse de la démarche plastique qui domine à Ronchamp, c'est pour ce lieu et ce programme spécifiques la pensée rationaliste qui distribue les rôles. La composition procède par collage et juxtaposition, privilégiant les effets de rupture, de segmentation, de sérialisation. Le réfectoire avec son réseau de conduits constitue une des grandes leçons de cette écriture rationaliste dont Le Corbusier a jeté les fondements.

Les circulations

Pour relier ces différents lieux, plutôt que de recourir au plan classique du cloître circonscrivant un carré, Le Corbusier inverse le modèle et dessine ce qu'il appelle deux «conduits» posés sur pilotis formant une croix. L'église, les salles de cours et l'atrium sont mis en connexion par ces «conduits» composés d'une face aveugle et d'une face vitrée rythmée par l'ondulation des pans de verre. La qualité de ces espaces voués au déplacement tient encore une fois à leur traitement cinématique. Une double sensation de sustentation et «d'accélération» domine cette «promenade» et c'est en parcourant ces conduits que l'on prend physiquement conscience du vide qui sépare le bâtiment du sol naturel. L'impression de circuler sur un pont abrité prédomine, conférant à ces lieux leur poésie. À cet équilibre particulier du pont se joint la dynamique propre du mouvement «ondulatoire» des pans de verre dont la succession des «compressions» et des «décompressions» semble suivre les respirations propres de la marche. Cette sensation est portée à son point culminant lorsque s'y ajoute la forte déclivité (9%) de la rampe du conduit menant à l'église. La promenade architecturale n'est pas sans évoquer ici les expérimentations de l'art cinétique contemporain du couvent.

1

1 "Undulating" glazing
«Pan de verre ondulatoire»

2 Conduits and atrium
Conduits et atrium

3 Conduit leading to the church
Conduit menant à l'église

2

3

The Pilotis

A forest of pilotis of varying types and species carries the weight of the monastery, breeding unexpected sculptural combinations. Taut cylindrical columns and the rigid pillar-like west wall act as a foil to the fanciful "comb" structure supporting the atrium, as well as to the cross holding up the pyramid-shaped oratory. As with the roof terrace, walking among the pilotis stokes one's sculptural imagination, in contrast to the interior functional spaces of the monastery which are regulated by the Modulor. The natural slope of the terrain adds to the ambiguity, or strangeness even, of this area positioned commandingly above the surrounding landscape and which is so closed in on itself that visitors climbing up the slope become entangled in a web of shafts and pilotis.

Prayer Quarters:

The Oratory, Sacristy, Church and Side Chapel

The places dedicated to prayer mark the strong musical beats of the composition, each one conveying a radically different tempo. The mass of the main body of the church, the strange curve of the side chapel, the pyramid over the oratory and the mysterious machine gun shapes of the sacristy pointed up to the sky all lyrically convey the design freedom Le Corbusier allowed himself. Yet he never turned his back on rationality, that life-giving source of his whole conceptual approach. He moulded each contradiction into a vehicle of poetic expression, pushing each play on contrast to its utmost limit. The result is a soothing

Les pilotis

Une forêt de pilotis de genres et d'espèces variés soutient cet ensemble donnant lieu à des jeux plastiques inattendus. À la rigueur des piliers cylindriques et du mur pilier ouest s'oppose la fantaisie du «peigne» portant l'atrium ou la croix servant d'assise à l'oratoire pyramidal. La promenade des pilotis comme celle du toit terrasse laisse libre cours à l'arbitraire plastique volontairement refusé à l'intérieur des espaces fonctionnels gérés par le Modulor. La pente naturelle du terrain vient compléter ce dispositif en créant un espace ambigu voir étrange. Ouvert sur le paysage environnant dans le sens de la déclivité, cet espace se referme jusqu'à empêcher tout passage lorsque l'on remonte cette pente enfermant le promeneur dans la toile des conduits et des pilotis.

Prier:

L'oratoire, la sacristie, les cryptes, l'église

Les lieux de prière scandent les temps forts du projet, chacun d'eux offrant l'opportunité d'hypothèses formelles radicalement différentes. Le brutalisme du corps de l'église, l'étrange courbure de la chapelle, l'enchâssement pyramidal de l'oratoire, les mystérieuses mitrailleuses de la sacristie pointées vers le ciel déclinent avec lyrisme la liberté de conception que Le Corbusier s'est octroyée sans pour autant renier le fond rationaliste de sa démarche. Faisant des contradictions une force expressive, il pousse à leurs extrêmes les jeux qu'elles lui permettent. Une impression de grande sérénité en émane qui donne à cette œuvre son aura particulière. Renonçant aux tracés régulateurs des premières années du

Atrium   Atrium

"Combs" supporting the atrium   «Peignes» soutenant l'atrium

South wing pilotis   Pilotis de l'aile sud

sensation of serenity that emanates throughout, endowing the monastery with its own particular aura of peace. The regulating lines of the early Purist years have gone, yielding their place to the experienced hand of the sculptor whose ruling principle was clearly to combine the notions of paradox and surprise.

Tour of the Grounds

Wandering past the rows of pilotis sculptures, the visitor will come upon some genuine examples of architectural wizardry – the oratory, the sacristy and the side chapel that is grafted onto the monolithic block of the church.

The oratory translates into three juxtaposed volumes. A cross bears the weight of a cube which in turn supports a pyramid with a slightly off-centre axis[7]. A concrete prism is wedged into the main body of this pyramid, to channel light down into the oratory. The vocabulary is simple but the syntax is violently complex. Here it is the hand of the Purist artist at work, constructing and deconstructing in a way that throws one's gaze off balance, yet at the same time rivets it to the object being contemplated.

Colliding with the crushing mass of the church wall, the sacristy equally seems to have stepped straight out of a Purist painting. The two rows of "machine guns" are pardoxically set off axis, creating an opposing pull with the head-on effect of the walls. Equally, it is not unlike a Cubist tableau in which planar surfaces are brutally folded back. The trapezoid section of the "guns" adds to the dimensional confusion and the visitor's eye wavers

«Purisme», c'est l'expérience du sculpteur qui se manifeste dans des associations plastiques dont le paradoxe et la surprise semblent être les règles dominantes.

Parcours extérieur

La visite du couvent par l'extérieur fait découvrir, derrière les rangées de sculptures pilotis, les événements architecturaux de l'oratoire, de la sacristie et des chapelles que domine le monolithe de l'église.

L'oratoire propose la juxtaposition de trois volumes. Une croix porte un cube qui lui-même supporte une pyramide[7] dont l'axe est légèrement décentré. Pour introduire la lumière à l'intérieur de cet ensemble, un prisme de béton vient se ficher dans le corps de la pyramide. La simplicité du vocabulaire contraste avec la violence de la syntaxe. Là encore, le peintre puriste est présent dans ce travail de construction et de déconstruction qui déstabilise en même temps qu'il fascine le regard.

La sacristie plaquée contre la paroi écrasante de l'église semble pareillement sortir d'un tableau puriste. À la frontalité des murs, les deux rangées de «mitraillettes» répondent par un désaxement paradoxal, à la manière des plans rabattus brutalement sur la surface du tableau cubiste. Leur section trapézoïdale ajoute à la confusion perspective et l'œil hésite devant cette déformation anamorphique. À la manière des corps platoniciens offerts à la méditation des humanistes de la Renaissance, ces objets provoquent l'interrogation. La glose trouverait dans l'orientation de ces prismes qui suivent l'axe du solstice d'été, l'occasion d'un nouveau commentaire et pourrait apparenter ces prismes

Sacristy and "machine guns"   La sacristie et ses «mitraillettes»

at the sight of such anamorphic deformation. These prisms are objects that incite questions, just as the Platonic Solids nurtured the minds of Renaissance humanists. They might even be likened to gnomons, for they face the summer solstice. What is unquestionable about this ensemble, though, is that it is an architectural transcription of Le Corbusier's interest in alchemy which prevails throughout the "Poème de l'angle droit".

Clamped to the north bare concrete wall of the church, the side chapel features a similar design solution but one which is rooted in curves rather than planes. Its wall curls round like a ribbon, while the light cannons aim their truncated barrels at the sky, twisting and turning unavailingly towards the sun. In a way, the term "concrete shell" was applied literally here. The haphazard geometry of the overall structure reinforces the "poetic right angle" of the large back wall, and the unruly conic cannons add to the underlying paradox of the scene. This is a similar dialogue to the one struck up in Ronchamp between the chapel facade and the rainwater basin, not least due to the repeated theme of a curved, sloping wall.

The bare concrete mass of the church serves as a pause in the musical score. It sets the beat, just as the "man with his arm raised" does in the living quarters. Every structure in the composition acts out its script in relation to this huge bulk, which by itself plays no character – instead, it hands out roles to the buildings around it. Firmly anchored to the ground, it seems to have chthonian origins. It might be a modern megalith or a descendent of structures built by early civilizations, such

à des gnomons. On trouvera dans cet ensemble la transcription architecturale de l'intérêt manifesté par Le Corbusier pour la pensée alchimiste qui préside à la rédaction du «Poème de l'Angle Droit».

Avec la crypte accrochée à la face nord de l'église, l'hypothèse reste la même mais par symétrie inverse, la courbe se substitue au plan. Sur le fond de la paroi de béton brut de l'église, le mur de la crypte s'incurve tel un ruban tandis que les canons pointent leurs fûts tronqués vers le ciel. Le terme de voile de béton est en quelque sorte pris à la lettre. Sa géométrie aléatoire renforce la «poésie de l'angle droit» de la grande muraille qui lui sert de fond. Les canons à lumière qui tendent de manière désordonnée leur forme conique à la recherche d'un impossible soleil ajoutent au paradoxe de cette scène. Un dialogue du même ordre était déjà entretenu à Ronchamp entre la paroi de la chapelle et la vasque destinée à recevoir l'eau de pluie. On y retrouve en particulier le thème récurrent de la paroi inclinée et incurvée.

La grande masse de béton brut de l'église constitue le point d'orgue de la composition. Elle lui donne sa mesure, tout comme «l'homme le bras levé» donnait la sienne à l'espace d'habitation. Tous les édicules prennent leur sens en rapport à cette masse dépourvue en elle-même de caractère propre, si ce n'est d'en donner un à tous les autres. Ancrée au sol, elle évoque une origine chtonienne. Sorte de mégalithe moderne, sa présence rappelle les constructions des premières civilisations, pylônes égyptiens, fortifications; Le Corbusier avait lui-même évoqué les forteresses assyriennes. De fait, c'est la dimension paysagère qui se trouve révélée, la paroi

Curved crypt wall

La paroi incurvée de la crypte

The church   L'église

as Egyptian pylons or ancient city walls; even Le Corbusier himself compared it with an Assyrian fortress. It is certainly true that the impregnable concrete wall sets a territorial tone, both with respect to the surrounding landscape and to the architectural volumes orchestrated by the rectangular grey mass. In addition, the sloping ground, which encounters and confronts each architectural and sculptural incident, is afforded the perfect dramatic setting by the "horizontal top line" (which is not truly horizontal as it slants slightly).

Stripped of all openings, the church design is a "miracle box" – a theme that Le Corbusier had designed for the Pavillon des Temps Nouveau in 1937 and would draw on again later in his museum designs for Tokyo and Erlenbach. This box was initially created to host "audio-visual conferences, music, dance and electronic games", and entrance to the Pavilion, like to the church of La Tourette, was via a large revolving door shaped like an aeroplane wing[8]. However, in La Tourette, the miracle box is endowed with its primary meaning, especially at each Eucharist, when it becomes shrouded in all the mysterious ritual procedures of the liturgy. In sum, then, the Pavilion and the church share parallel concepts: their materials are both archaic and avant garde, and the latent reference to religion in the former scheme becomes patent in the latter.

Tour of the Interior

The chthonian element becomes even more pronounced inside the aforementioned spaces. A ramp leads from the central atrium up to the huge dark swivel door that opens onto the

de béton opérant à une échelle territoriale. L'espace environnant est mis en scène par ce rectangle gris qui distribue autour de lui aussi bien les volumes architecturaux que l'espace naturel. «L'horizontale» du sommet, en fait légèrement inclinée, donne ainsi à la déclivité du terrain naturel une place dans un dispositif culturel où elle rejoint et affronte chaque événement architectural ou sculptural.

Ce volume dépourvu d'ouverture reprend le thème de la «boîte à miracle» que Le Corbusier réutilise encore quelques années plus tard pour les projets des musées de Tokyo et d'Erlenbach. La «boîte» devait accueillir «conférences audiovisuelles, musique, danse, théâtre, jeux électroniques». Avec La Tourette la «boîte à miracle» retrouve son programme littéral dans le mystère renouvelé de l'eucharistie dont la liturgie met en scène le rituel. L'accès à ce vaste volume cubique de toile, voué au culte de la société moderne, s'ouvrait également par une grande porte sur pivot profilé en aile d'avion[8]. Le pavillon de l'exposition de 1937 et l'église de La Tourette échangent leurs concepts en inversant simplement leur polarité: les matériaux sont tout à la fois archaïques et «d'avant garde», l'évocation religieuse latente dans un cas devenant patente dans l'autre.

Parcours intérieur

La dimension chtonienne est redoublée par le parcours intérieur de ces espaces. Depuis l'atrium central il faut descendre la rampe jusqu'à la grande porte pivotante noire qui donne accès à l'église ou bien tourner sur la droite pour descendre dans un dédale souterrain passant sous le transept et aboutissant aux chapelles où les moines chaque matin de-

Altar lit by a "light cannon"   Autel éclairé par un «canon à lumière»

church. Otherwise one can turn right, down into an underground labyrinth that passes beneath the transept and comes out into the side chapel, intended for the monks to individually celebrate morning mass. There are seven side altars in all, stepped in line with the sloping land. A curved wall is wrapped around these altars and light is funnelled down from the cannons above, which emit a coloured hue reflecting the blue ceiling whose heavy mass resembles a tombstone. The whole chapel is imbued with expressionist tones that magnify the daily mystery of the Eucharist.

Once through the monumental door, the visitor reels at the sheer force of the church. Concrete is omnipresent, generating a chilling effect that is heightened by the lighting devices – whereas the light-giving sources are on full view outside the church, inside they become mere slits that seem to have been tucked discreetly away so as to focus fully on the pure space of the nave.

The sacristy, side chapel and organ case[9] – the parts that enable light to be captured and sound to resonate – develop outward from the church, protruding from the walls of the main nave. No formal transition space was designed for the points where these protrusions are attached; instead, the wall was simply hollowed out and cut away by means of quick incisions, leaving a conspicuous mark each time. For instance, looking towards the side altars, a lone "stud wall" can be seen, shouldering the blame for its lack of artistic features which might have justified it standing on its own. A vertical slot is inserted into the corner of the wall behind the main altar, in effect folding this wall back on the outside

vaient individuellement célébrer la messe. Sept autels y sont disposés qui suivent par palier la pente du terrain. La courbe du mur enveloppe l'officiant qui reçoit des canons à lumière une lueur zénithale colorée se détachant du plafond bleu dont le poids semble celui d'une pierre tombale; les accents expressionnistes des volumes de la crypte magnifient le mystère quotidien de l'eucharistie.

Passée la porte monumentale, le volume de l'église impose sa puissance. La forte présence des parois de béton est renforcée par le masquage des dispositifs d'éclairement. Alors qu'à l'extérieur les organes dispensateurs de lumière sont volontairement exhibés, ils ne se traduisent à l'intérieur que par des fentes lumineuses qui se dérobent pour laisser s'exprimer le volume pur de la nef.

Le corps de l'église développe vers l'extérieur les membres qui lui permettent de capter la lumière ou d'émettre des sons. La sacristie, les cryptes comme le buffet d'orgue[9] forment des excroissances développées depuis les parois de la nef centrale. Au lieu de leur naissance, la paroi est simplement découpée, une incision franche l'évidant sans ménager de transition formelle. Cette découpe sans complaisance laisse des marques ostensibles. Ainsi dans la perspective sur les chapelles un simple «poteau mur» assume-t-il l'absence de toute transition plastique qui aurait «justifié» son isolement. Derrière l'autel, une fente verticale créée dans l'angle droit replie la paroi vers l'extérieur de l'édifice pour laisser filtrer la lumière sur toute la hauteur. Dans l'une de ces découpes, la grande porte pivotante inscrit sa surface noire dépourvue d'huisserie. Ce jeu de découpes brutalistes renforce l'orthogonalité du volume et la boîte de béton paraît

Nave viewed from the main altar

La nef vue depuis l'autel central

Organ case

Buffet d'orgue

Vertical slot of light in the apse

Fente lumineuse verticale de l'abside

of the building so that a long strip of light can stream in. Another cut-out shape is the swivel door stripped of a frame. This play on Brutalist cut-outs underscores the orthogonal shape of the structure and makes the concrete seem even harsher. A similar design device can be seen in the fragmented uneven shapes of the black shale floor slabs that carry the weight of the altar. Here, though, the slabs comply with Modulor proportions.

Rigid right angles may dominate the main body of the church, but these are sharply contrasted by a riot of protruding limbs: cones, prisms and a parabolic roof jut out from the church's belly, all undermining the careful balance. These brightly coloured shapes make up a sort of fresco that breathes life into the church through narrative – a narrative that similarly features in the sculptures and tapestries Le Corbusier was producing around the same period.

In addition to lighting devices, Le Corbusier also provided for sound emission, designing a large acoustic conch for the church roof that would transmit liturgical chants down the valley. Here, he was picking up on a similar idea that he had wanted to put in place in Ronchamp, but which had been refused by the clergy. It was all a question of making "sonorous machines producing a new style of electronic broadcast".[10] The musical programming was devised by Edgar Varèse. As it turned out, though, the project was rejected just as it had been for Ronchamp, and they had to make do with a belfry – the last component of the scheme that Le Corbusier designed, demonstrating how his role as a composer was taken over by that of sculptor.

plus rude. Sur le sol, mais soumis aux chiffres du Modulor, ce même jeu se retrouve dans la fragmentation de dalles irrégulières de schistes noirs qui portent l'autel.

Cette rigueur de l'angle droit qui préside au dessin du corps de l'église, contraste avec l'exubérance des organes qui y prennent naissance. Cônes, voûte parabolique, prismes sortent du ventre de l'église pour mettre à mal son savant équilibre. Couverts de couleurs vives, ces volumes composent une sorte de fresque qui anime l'église de ses récits; récits abstraits à la manière des sculptures ou des tapisseries que Le Corbusier réalise pendant cette même période.

Au dispositif de récepteur de lumière Le Corbusier avait adjoint un dispositif émetteur de sonorité. Sur le toit de l'église avait été imaginée une vaste conque acoustique chargée de transmettre dans la vallée les chants liturgiques. Le Corbusier reprenait une idée qu'il avait proposée à Ronchamp et que lui avait refusée le clergé. Il s'agissait de construire «des machines sonores destinées à réaliser un nouveau style d'émission électronique»[10]. La programmation en avait été étudiée par Edgar Varèse.

Finalement, tout comme pour le projet de Ronchamp, il fallut se contenter d'un clocher. Cet élément fut le dernier auquel œuvra Le Corbusier. Son travail de sculpteur remplaça celui du compositeur.

Stud wall in the nave

Mur pilier de la nef

Choir stall and chink-like opening

Stalle et fente lumineuse

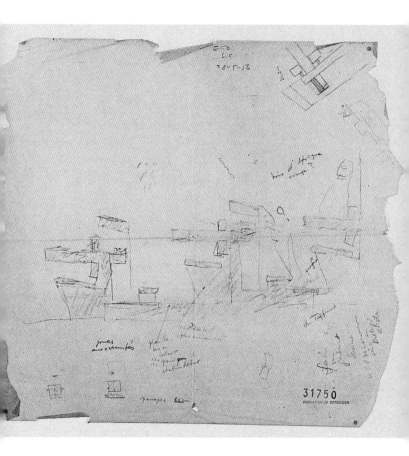

Design study for the choir stalls (FLC 31750)

Etude pour les stalles (FLC 31750)

History of the Project

Histoire du projet

The Client: Father Marie-Alain Couturier

Father Marie-Alain Couturier had trained in the plastic arts and even made a number of frescoes and stained-glass windows. Above all, though, he campaigned for the revival of religious art. In 1936, he and Father Régamey took over the editorship of a journal called "Art Sacré", which was the propaganda vehicle for reformist opinions in the realm of Church art. Right from the outset, Father Couturier firmly stated that, "It would of course be ideal if Christian art could be revived by men who are both geniuses and saints. However, if such men do not exist, we believe that it would be much safer in the present circumstances to commission geniuses with no faith to bring about this renaissance, this resurrection, rather than believers with no talent". He accordingly commissioned Matisse, Rouault, Léger, and Lipchitz to work on the churches of Vence, Assy and Audincourt and which all feature in "Art Sacré".

Father Couturier undoubtedly had much less difficulty convincing Le Corbusier (a resolute atheist) to design a religious building than he did getting the Provincial Council of Dominicans to accept such a controversial architect. The two men first met in 1948, during the Sainte Baume project. Then came the success of Ronchamp, followed by other commission requests, which Le Corbusier turned down, saying "I can't build churches for men who don't live there". So when Father Couturier offered him the project of a monastery he could hardly refuse.

Le commanditaire: le Père Marie-Alain Couturier

Le Révérend Père Marie-Alain Couturier avait suivi une formation artistique. Son talent lui valut d'ailleurs d'être l'auteur de vitraux et de fresques. Mais son rôle déterminant fut d'abord celui d'un militant du renouveau de l'art religieux. Avec le père Régamey, il reprit en 1936 la revue «Art Sacré» qui fut l'organe de propagande du mouvement du même nom. À l'origine de cet engagement, on trouve la conviction du Père Couturier «…que pour la renaissance de l'art chrétien l'idéal serait toujours d'avoir des génies qui soient en même temps des saints. Mais dans les circonstances présentes, si de tels hommes n'existent pas, nous pensons en effet que pour provoquer cette renaissance, cette résurrection, il est plus sûr de s'adresser à des génies sans la foi qu'à des croyants sans talent.» En accord avec ce principe, il fit travailler Matisse, Rouault, Léger, Lipchitz dans les églises de Vence, Assy et Audincourt qui fournirent l'une des sources des publications de «L'Art Sacré».

Le Père Couturier eut sans doute moins de difficulté à convaincre Le Corbusier, bien qu'athée, de se consacrer à une architecture religieuse, qu'à faire accepter au conseil provincial des dominicains la personnalité de cet architecte controversé. Leur rencontre date de 1948, lors du projet de la Sainte Baume. Le projet de Ronchamp suivit. Et le succès de cette œuvre valut à son auteur d'autres demandes qu'il refusa en expliquant: «je ne peux pas construire des églises pour des gens que je ne loge pas». Aussi en 1952, lorsque le Père Couturier lui propose l'édification d'un couvent ne peut-il qu'accepter.

This encounter between a Dominican father and a man who had chosen his pseudonym after one of his Languedoc ancestors must surely have been rather heated. Le Corbusier was extremely proud of his Mediterranean origins for, according to family history, he was related to the Cathars who had been hunted down in the 13th century. It was at this time that the Jeanneret family emigrated, so the family history goes. In "Croisade ou le Crépuscule des académies"[11], Le Corbusier comments proudly on his ancestry, saying how this made him a "heretic", or at the very least someone who did not follow mainstream thought nor, by way of extension, academic tendencies. There were even whole works dedicated to the subject on his bookshelves. And then there is the rather strange historic coincidence (of which Le Corbusier was doubtlessly aware) that Saint Dominic[12] – founder of the Order – was bidden by Pope Innocent III to bring Catholic faith back into the Cathar lands. In one way or another, it was as if history were repeating itself seven centuries later, with a Dominican preacher asking the heretic to carry out an act of faith. In this regard, the monastery of La Tourette can be said to portray a combined symbol of Catharism and Manicheism, as does all of Le Corbusier's work to some extent; it is even made paramount in the "Poème de l'angle droit". However, it is a symbol that should be viewed in a wider context, namely as a mix between a belief in archaic forces and an ode to nature. It is a form of atheism that might even be described as proto-religious,[13] but which served as a thread for weaving a pattern of understanding between the two men, enabling them to reach common spiritual ground. In fact, aside from the clear

La rencontre du père dominicain avec celui qui prit comme pseudonyme le nom d'ancêtres languedociens laisse deviner quelque accent sulfureux. Le Corbusier était très fier de ses origines méditerranéennes qui, selon le récit familial, avaient pour souche les Cathares chassés et exterminés au XIIIe siècle. A cette époque, la famille Jeanneret aurait immigré. Dans «Croisade ou le Crépuscule des Académies»[11], il commente avec orgueil cette généalogie qui fait de lui, sinon un «hérétique», tout au moins un réfractaire à tous les modes de pensée dominants et en l'occurrence académiques. On sait que sa bibliothèque contenait des ouvrages consacrés à ce sujet. Et que dire de cette étrange occurrence historique, sans doute connue de Le Corbusier et qui veut que ce soit Saint-Dominique[12], fondateur de l'ordre, qui fut chargé par le Pape Innocent III de ramener la foi catholique en terre cathare? D'une certaine manière, sept siècles après, la confrontation a de nouveau lieu, réitérant la scène primitive du prêcheur dominicain invitant l'hérétique à faire acte de foi. On a pu, dans cette perspective, évoquer à propos du couvent l'utilisation d'une symbolique d'inspiration cathare et manichéiste. Comme la publication du «Poème de l'Angle Droit» le fait sentir, il est indéniable que ce mode de pensée parcourt l'œuvre de Le Corbusier et en particulier celle du couvent; mais il faut replacer cette influence dans une vision plus globale mêlant la croyance en des forces archaïques à celle d'un culte de la nature. Cet athéisme aux accents proto-religieux[13] permet en tout cas de mieux situer la communauté de pensée où les deux hommes finissent par se retrouver dans une perspective spirituelle où les opposés finalement tissent les rapprochements essentiels. Au-delà des dissemblances certaines qui le distinguent

differences that distinguished Father Couturier from Le Corbusier, by evoking his Cathar connections Le Corbusier was admitting to a particular faith. Particular in a Manichean sense, giving equal weight to the good and the bad, and adopting purification and asceticism as a rule of thumb. Towards the dusk of his life, Father Couturier uttered this final testimony: "We used to say that not only did we believe that Le Corbusier was the greatest living architect, but also that his spontaneous perception of the sacral world was the strongest and most authentic of anyone we knew" [14].

The line of thought shared by the two men concerning the La Tourette project was expounded in an article published in "Art Sacré" in 1950 [15]. Entitled "The Magnificence of Poverty", it was written by Father Couturier and sets out the principles of purity and starkness advocated by Le Corbusier. The article also paints a picture of the ideal church, which could be interpreted as the program for the church of La Tourette: "Today, in order for a church to be a "real" church, it should be nothing other than a flat ceiling supported by four walls. However, inside there would be such pure and intense use of correlative proportions, spatial volumes and distribution of light and shadow that one would be instantly struck by its solemnity and spiritual dignity" [16]. The accompanying illustrations are just as revealing. They comprise photographs of the churches of Saint Romain and Jobourg, showing vast walled surfaces with no openings which bear more than a passing resemblance to Le Corbusier's monastic design.

du Père Couturier, Le Corbusier en évoquant cette filiation cathare, se place de fait comme un homme d'une certaine foi; une foi particulière, celle manichéiste donnant un poids égal au bien et au mal et pour laquelle la purification et de l'ascèse sont la règle. Au soir de sa vie, le Père Couturier porte cet ultime témoignage: «Nous disions que non seulement nous tenions Le Corbusier pour le plus grand architecte vivant, mais encore pour celui en qui le sens spontané du sacré est le plus authentique et le plus fort. »[14]

La communauté de pensée qui rapproche les deux hommes pour le projet de La Tourette apparaît dans un article paru dans «L'Art Sacré»[15] en 1950. Intitulé «Magnificence de la pauvreté», ces pages retrouvent, sous la plume du père dominicain, les principes de pureté et de dénuement avancés par Le Corbusier et dressent en même temps un descriptif de l'église idéale qui pourrait être lu comme le programme de l'église de La Tourette: «Aujourd'hui une église pour être vraie ne devrait être qu'un plafond plat sur quatre murs. Mais leurs proportions réciproques, leur volume, la répartition de la lumière et des ombres pourraient y être d'une telle pureté, d'une telle intensité que chacun, en y entrant, en sentirait la dignité spirituelle et la solennité. »[16] Les illustrations choisies sont tout aussi révélatrices. Les photographies des églises de Saint Romain et de Jobourg présentent de grandes surface murales sans ouvertures qui, si Le Corbusier en eut connaissance, ne furent pas sans influence sur son parti architectural.

The Co-ordinating Architects: Iannis Xenakis and André Wogenscky

In 1953, Le Corbusier was at the height of his career. His time was spent overseeing a multitude of schemes, including the Unités in Rezé-les-Nantes and Berlin, the final construction phase of Ronchamp and three private houses – the Jaoul, Shodan and Sarabhai villas. Above all, though, he was tied up with Chandigarh. His trips to India often led him away from the La Tourette project, as is evidenced in his correspondence and sketchbooks in which there is scarcely any mention of the monastery. In all the surviving letters, sketches and plans relating to the project, it is the names and work of his co-ordinating architects that come up most. André Wogenscky held a particularly privileged position, for he was directly responsible for the Atelier while the master was away and consequently oversaw all the working drawings. The ever-faithful Fernand Gardien was appointed site supervisor and he would travel down to Arbresle on numerous occasions to iron out the inevitable hitches that always crop up in a project.

Having put "Wog" in charge of the operational side, Le Corbusier chose Iannis Xenakis to see through the design of the scheme that he had hastily sketched before leaving for Chandigarh. Iannis Xenakis was thirty-one at the time, and it was his very first architectural job. He had graduated in engineering from Athens Polytechnic before joining the Resistance in which he fought first against the Germans then against the English. In 1947, he was forced to flee Greece for

Les collaborateurs: Iannis Xenakis et André Wogenscky

En 1953 Le Corbusier est au faîte de sa carrière. Il doit suivre un grand nombre de projets: la série des Unités d'Habitation de Rezé-les-Nantes et de Berlin, la fin du chantier de Ronchamp, les villas Jaoul, Shodan et Sarabhai. Mais c'est surtout l'expérience de Chandigarh qui va le retenir pendant cette période. Les voyages en Inde l'éloigneront souvent du projet de La Tourette et cette absence est lisible à travers les documents, les carnets évoquant à peine le projet du couvent. Dans les courriers, esquisses ou plans conservés, ressort nettement le travail de ses collaborateurs. André Wogenscky y occupe une place privilégiée puisqu'en l'absence du maître, il lui incombe de veiller sur le bon déroulement des activités de l'Atelier de la rue de Sèvres. De fait, la gestion des opérations se trouve directement sous sa responsabilité et c'est à lui qu'incombe la production de l'ensemble des dessins d'exécution. La liaison avec le chantier est assurée par le fidèle Fernand Gardien qui multiplie les voyages pour pallier les inévitables dysfonctionnements qui caractérisent la vie d'un projet.

Si la gestion des opérations repose sur les épaules de «Wog» c'est à Iannis Xenakis que Le Corbusier confie le développement du projet qu'il a rapidement esquissé avant son départ pour Chandigarh.

Iannis Xenakis a trente et un ans lorsqu'il prend en charge cette étude architecturale, la première de sa carrière. Jeune ingénieur formé à l'École Polytechnique d'Athènes, il avait intégré la résistance pour lutter contre les Alle-

France, where a friend suggested that he contact Vladimir Bodiansky and Le Corbusier, as they were looking for an engineer to work on the Marseilles project[17]. Iannis Xenakis was not familiar with Le Corbusier's work, but he swiftly seized the opportunity being offered him. One day, he plucked up his courage and asked Le Corbusier if he would give him a project to work on. "As it happens, I've got a new project that will suit you perfectly" the master is reported to have replied[18]. This decision was to have a major impact on La Tourette. As Iannis Xenakis himself recounts, Le Corbusier gave his team free rein, provided they shared his underlying conceptual logic: "At the time the monastery was being designed, there was a large degree of complicity between the five or six of us working with Le Corbusier. We clicked, and from then on Le Corbusier was open to all suggestions".[19]

The Design Phase

1953

Le Corbusier went to Arbresle for the first time on 4 May 1953. He jotted down comments about the site in his sketchbook and drew a rough outline of the scheme, in which the quadrangular shape can already be clearly made out. It could be argued that it reflects the design of Thoronet, which Le Corbusier had recently visited on the advice of Father Couturier; nevertheless, Corbusian theory would leave its indelible stamp, turning the page in monastic architecture. Pilotis form the connecting point with the ground, while an outdoor ramp links the lower level with the roof garden promenade. A second sketch dated September

mands dans un premier temps, contre les Anglais dans un second, ce qui l'avait amené à quitter la Grèce précipitamment pour débarquer en France en 1947. L'AT. BAT. («Atelier de Bâtisseurs» mis en place par Le Corbusier pour suivre la réalisation de projets importants) et la rue de Sèvres avaient justement besoin d'un ingénieur et un camarade lui conseilla de prendre contact avec Vladimir Bodiansky et Le Corbusier dans le cadre du projet de Marseille.[17] Iannis Xenakis ignorait l'œuvre de Le Corbusier, mais saisit rapidement l'opportunité qui se présentait à lui. Aussi osa-t-il un jour demander à Le Corbusier s'il acceptait de lui confier un projet. «J'ai un nouveau projet qui vous conviendra parfaitement; il faut que ce soit géométrique» lui aurait-il répondu[18]. Cette décision sera d'une grande importance pour La Tourette. Comme le relate Iannis Xenakis, Le Corbusier offrait à ses collaborateurs une liberté importante qui participait de sa philosophie du projet: «À l'époque de la conception du couvent, il y avait une grande complicité entre tous ceux, peu nombreux (quatre ou cinq) qui travaillaient avec Le Corbusier. Le courant passait… Le Corbusier était alors ouvert à toutes propositions.»[19]

Histoire du projet

1953

Le Corbusier se rend pour la première fois à l'Arbresle le 4 mai 1953. Les carnets portent témoignage de cette découverte des lieux en même temps que des premières hypothèses de projet. La volumétrie quadrangulaire apparaît, reprenant peut-être le modèle du Thoronet visité peu de temps auparavant sur les conseils du Père Couturier, commanditaire de l'ouvrage. Mais la théorie corbuséenne va

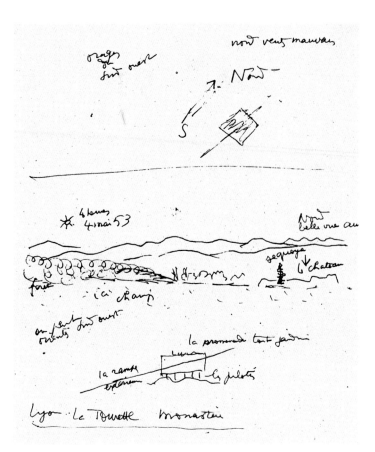

Sketch drawn by Le Corbusier during his visit
to the site on 4 May 1953 (FLC K3-19-179)

Esquisse de Le Corbusier lors du voyage du 4
mai 53 (FLC K3-19-179)

1953 reveals an even more explicit leaning towards this theme of a ramp hyphenating the ground and roof terrace, but it would gradually fade as the project progressed. The ramps seem to occupy the largest part of the plan, clearly demonstrating that Le Corbusier had originally centred his design on this idea. It can also be noted how the arches on the roof terrace cloister (resembling the ones in the Roq and Rob schemes[20]) that were introduced into the first sketch are still there in the second one. Here it is important to point out that the "mégaron" model with its system of Mediterranean-type arches that Le Corbusier used in his work from the Monol house in 1919 up until the Jaoul villas, would have strongly marked the architecture of La Tourette had the budget not been slashed. The fact that these two key design components – the ramp and the arches – were dropped led to a radical change in the original shape of the overall scheme.

Another principle theme also emerges in the initial sketch, namely the shapes and volumes engendered by using the horizontal line of the top floor as a starting point in the design. Visiting the monastery ten years later, Le Corbusier spoke of the concepts outlined in his early drawing: "Here, on this site that was so mobile, so evasive, sloping and flowing, I said: I won't place the base on the ground because it will be hidden. Instead let's place it up high, along the top line of the building, blending it with the horizon. And we will use this horizontal top line as our point of departure, reaching the ground as and when".[21]

réécrire à sa manière cette page d'architecture. Les pilotis marquent la liaison au sol alors qu'une «rampe extérieure» joint le niveau bas à la «promenade toit jardin». Une seconde esquisse de septembre 1953 montre l'attachement à ce thème de la rampe reliant le sol au toit terrasse et que l'évolution du projet fera peu à peu disparaître. Les rampes semblent occuper la plus grande partie du plan, montrant clairement que c'est autour de ce thème que Le Corbusier a initialement construit son projet. On remarque également que le couronnement du cloître toit terrasse par un couvrement en voûtes à la manière des projets Roq et Rob[20], déjà présentes dans l'esquisse précédente, est maintenu. Le modèle du «mégaron» et de son système de voûte caractéristique de la Méditerranée, qui parcourt l'œuvre de Le Corbusier depuis la maison Monol de 1919 jusqu'aux maisons Jaoul, aurait fortement marqué l'architecture de La Tourette si des considérations budgétaires n'avaient remis en question sa réalisation. Deux éléments fondateurs, la rampe et les voûtes, vont donc disparaître du projet de départ, modifiant considérablement l'aspect initial de l'ensemble.

Un autre thème est lisible, qui déterminera la volumétrie en posant l'horizontale du dernier niveau comme base de travail. Le Corbusier témoigne, lors d'une visite au couvent dix années plus tard, des principes esquissés dans ce premier dessin: «Ici, dans ce terrain qui était si mobile, si fuyant, descendant, coulant, j'ai dit: je ne vais pas prendre l'assiette par terre puisqu'elle se dérobe…. Prenons l'assiette en haut à l'horizontale du bâtiment au sommet, laquelle composera avec l'horizon. Et à partir de cette horizontale au sommet, on mesurera toute chose depuis là et on atteindra le sol au moment où on le touchera»[21].

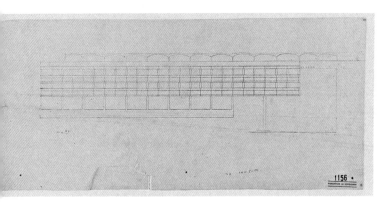

Plan showing arched rooftop cloister (FLC
1156)

Projet avec couronnement par un cloître voûté
(FLC 1156)

The design phase did not really get into full swing until the autumn, as is borne out by letters sent between Le Corbusier and Father Couturier, who was already seriously ill by then. The news was not good. They were being refused the state funding they had been counting on,[22] which resulted in the Dominicans having to struggle throughout the whole project to actually get the work completed. In fact, the church never was totally finished.[23] Initial ideas were constantly having to be ruled out, and this affected many of the integral elements, such as the number of floors, the design of the church walls, the cloister and so forth.

1954

After a lapse, the project got back on track again in March 1954, with Iannis Xenakis at the tiller. It is through Xenakis' drawings, laboriously traced out using a ruler, that we can see how the scheme really started taking shape. Right from the start, these plans show a U shape closed off by the quadrilateral form of the church. The overall size and volume was determined by the number of residents and cells, which numbered 94 in total spread out over two floors. The central design issue, though, was the ramp leading to the roof cloister. Using a sketch by Le Corbusier, Iannis Xenakis produced an axonometry based on a "system of aerial paths" which included the cruciform conduits enabling the monks to walk from one wing to another. However, Father Belaud raised some objections to such a scheme, which he voiced in person at the Atelier in the April. He argued that the layout was hardly suited to monastic life, since it turned the cloisters into a place for communicating as well as contemplating, and he also made it clear that he

L'étude du projet commence réellement au cours de l'automne. La correspondance avec le Père Couturier, déjà sérieusement malade, atteste de ce démarrage des réflexions. Les nouvelles ne sont cependant pas excellentes. Les financements d'État escomptés viennent d'être refusés[22]. Les Dominicains rencontreront tout au long du projet des difficultés considérables pour achever l'ouvrage. Ainsi l'église ne sera-t-elle jamais totalement achevée[23]. Il faudra régulièrement revoir à la baisse les ambitions initiales et le projet s'en ressentira sur de nombreux points importants: nombre d'étages, traitement des parois de l'église, cloître, etc.

1954

En mars 1954, le projet reprend et Iannis Xenakis en est responsable. C'est par ses dessins laborieusement tracés à la règle que l'on voit l'œuvre prendre forme. Le plan en U fermé par le quadrilatère de l'église apparaît dès l'origine. Le dimensionnement général est déterminé par le nombre de cellules. Les 94 cellules réparties sur deux niveaux fixent, avec le nombre d'habitants, la volumétrie. Mais les principales réflexions tournent autour de la question de la rampe menant au cloître du toit jardin. Reprenant une esquisse de Le Corbusier, Iannis Xenakis produit une axonométrie qui présente le «système des sentiers aériens» auquel vient d'être adjoint le plan en croix des conduits permettant de circuler d'une aile à l'autre. Cependant, le père Belaud qui se rend à l'Atelier en avril exprime quelques réserves. Il fait remarquer que la disposition du cloître n'est guère adaptée à la vie conventuelle qui fait de ce dernier un espace de communication en même temps que de contemplation. Par ailleurs, l'autel placé au sommet d'une sorte de pyramide à

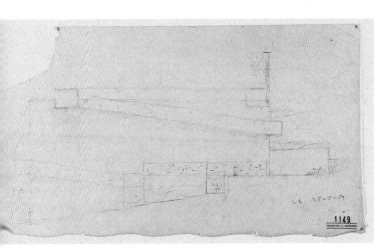

Sketch by Le Corbusier featuring the church
with "aerial paths" and arched rooftop
cloister (FLC 1149)

Esquisse de Le Corbusier montrant l'église
avec ses «sentiers aériens» et son cloître
voûté au sommet (FLC 1149)

disapproved of the altar being placed at the top of a sort of a stepped pyramid inside the church. This arrangement, which is undoubtedly a conceptual cousin of the outdoor altar at Ronchamp, evokes both Aztec temples and the barbarity of the sacrificial altar. However, whereas the altar of Ronchamp stands apart from a pyramid erected in tribute to French resistance members shot on that hilly site (thus clearly separating the two components) in La Tourette, they would have been fused together. No wonder then that Father Belaud was so intent on ridding the scheme of such a "heretic" form.

It is at this stage in the project that "acoustic diamonds" first feature on the design of the church walls, intended to improve the sound in the nave. This solution was rooted partly in Le Corbusier's study of acoustics in his work as sculptor and architect, and partly in the metal frame planned for the main body of the church. The north-facing chapel was still just a simple box shape, and none of the later distinctive features such as the oratory, spiral staircase or light cannons and machine gun shapes had been designed yet. The facade panels were all conceived in line with the harmonic proportions of the Modulor, as were the facades of the four-storey west wing (the plans show the monastery reaching six storeys high at the time).

A 1/50 model was eventually presented in the latter part of 1954 to the Council of Dominicans and the design principles were accordingly approved. André Wogenscky contacted Séchaud and Metz – a structural engineering firm – who sent in an initial quote of 172 million old French francs, 52 million of which were allotted to building the church.

degrés à l'intérieur de l'église ne recueille pas non plus son assentiment. Sans doute reprise du modèle réalisé à Ronchamp mais associée ici à l'autel, cette disposition évoque avec les temples aztèques la barbarie des cérémonies sacrificielles auxquelles ils étaient voués. À Ronchamp, l'autel extérieur, séparé de la pyramide dédiée au sacrifice des résistants morts sur cette colline pendant la seconde guerre mondiale, scinde les deux notions. On comprend que le Père Belaud se soit chargé de faire disparaître cette forme hérétique.

À ce stade de l'étude, on remarque la présence sur les parois de «diamants acoustiques» devant améliorer la sonorité de la nef. Ce choix renvoie d'une part à cette recherche de forme acoustique travaillée par Le Corbusier dans sa sculpture comme dans son architecture et d'autre part au parti constructif adopté pour le corps de l'église d'une structure métallique. La chapelle nord n'est encore qu'un simple parallélépipède et aucun des éléments distinctifs tels que l'oratoire, l'escalier cylindrique ou les canons à lumière et mitraillettes ne sont étudiés. Les panneaux de façade sont tous conçus sur le principe du découpage harmonique présenté dans le Modulor. Les quatre niveaux de façades (le couvent possède alors six niveaux) de l'aile ouest reçoivent ce même traitement.

Finalement, une maquette au 1/50 est présentée fin 1954 au conseil de direction des Dominicains qui en accueille favorablement les principes. André Wogenscky prend alors contact avec le cabinet d'ingénieurs Séchaud et Metz, et une première estimation du coût est chiffrée, 172 millions de francs de l'époque (dont 52 millions pour l'église).

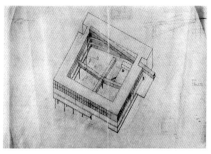

Axonometry by I. Xénakis (FLC 1244)

Axonométrie de I. Xénakis (FLC 1244)

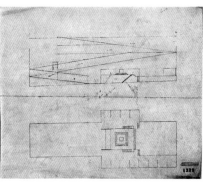

Altar design, set on an "Aztec pyramid". The crypt is not the piano shape it would eventual-ly be. Drawing by I. Xénakis (FLC 1329)

Projet d'autel sur une «pyramide aztèque».
La forme de la crypte n'est pas encore celle du «piano» final. Dessin I. Xénakis (FLC 1329)

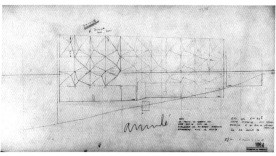

Design for the inner wall with "acoustic diamonds" (FLC 1064)

Projet de paroi avec «diamants acoustiques» (FLC 1064)

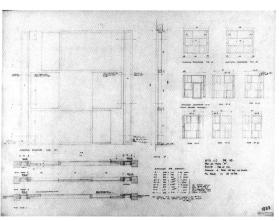

H glazed section (FLC 1095)

Pan de verre H (FLC 1095)

Once the layout had been agreed on and the plans approved, the second phase got underway. Two concepts that were as complementary as they were contradictory were henceforth pitted against one another: on the one hand, crisp right angles continued to frame the main body of the scheme, carving out the functional spaces according to Modulor proportions, while on the other hand, several highly individualized "objects" were grafted onto the grid pattern with a view to throwing the pure orthogonal volumes off balance. The whole strength of the scheme resides in this play on antagonism, for which Le Corbusier was to dream up a range of scenarios.

Thanks to Iannis Xenakis being given carte blanche, several lighting devices such as the machine guns in the sacristy and the light cannons in the side chapel came into being. Most notably, though, a highly original floor-to-ceiling window scheme was devised. Le Corbusier had mentioned that on the Chandigarh site they were inserting the glass directly into the concrete mullions and he suggested that Iannis Xenakis work on developing the same principle. Applying his musical knowledge, Iannis Xenakis composed an arrangement that would mark the beat of the scheme: he modified the appearance of the facades by unevenly spacing the mullions, creating an undulating glazed rhythm, or "ondulatoires". Interestingly, this principle was taken up in Chandigarh as well as in many other works of the same period.

From then on, sound became key, with Iannis Xenakis developing an "acoustic

Le projet architectural peut alors entrer dans une seconde phase et s'émanciper de la volumétrie essentiellement distributive qui a permis d'obtenir un accord de principe. Deux processus complémentaires et opposés vont désormais pouvoir se disputer l'énoncé du projet: d'une part la rectitude de l'angle droit va continuer à cadrer les grandes masses du projet en découpant selon les valeurs du Modulor les espaces fonctionnels; d'autre part, sur cette trame vont se greffer des «objets» fortement singularisés qui chercheront à déstabiliser la pureté des volumes orthogonaux. La force du projet tient à ce jeu d'antagonismes dont Le Corbusier va imaginer des scénarios variés.

Laissant libre cours à l'imagination de Iannis Xenakis, plusieurs dispositifs d'éclairement tels que les mitraillettes de la sacristie puis les canons à lumière des cryptes font leur apparition. Mais c'est surtout la conception novatrice des pans de verre qui voit le jour. Le Corbusier avait remarqué que sur le chantier indien on disposait les verres directement dans des montants en béton et il invita Iannis Xenakis à développer ce principe. S'appuyant sur sa pratique musicale, ce dernier va donner corps à une figure marquante de ce projet en modifiant l'aspect des façades et renouvelant l'aspect de cette technique de panneaux. En retour, ce principe d'ondulatoires va se retrouver sur le chantier indien comme dans beaucoup d'ouvrage de la même période.

C'est à ce moment que l'espace sonore fait l'objet d'un traitement particulier. Après les diamants acoustiques intérieurs, Iannis Xenakis développe le thème d'une «conque acoustique». Transfor-

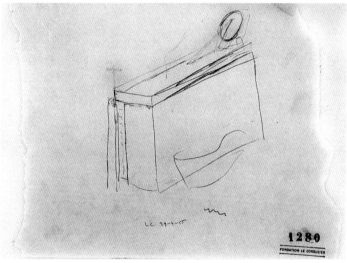

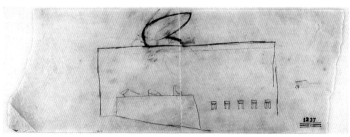

Esquisses de «conques acoustiques»
(FLC 1312, FLC 1280, FLC 1237)

Sketches of "acoustic conches" (FLC 1312,
FLC 1280, FLC 1237)

conch" on the heels of the acoustic diamonds. He designed a huge pavilion for transmitting the sound of electronic bells down the valley, literally transforming the church into one huge musical instrument. However, the practical considerations of the church acoustics were not addressed until six years later, in response to increasing pressure brought to bear by the Dominicans. Studies revealed that it took seven seconds for the sound to reverberate, whereas 1"4 is the time required for acoustics to be of good quality. The contracting firm suggested covering the walls of the nave, but Le Corbusier turned this down flatly[24]. At the end of the day, the Dominicans claimed they were generally satisfied with the sound, so nothing was ever done.

Le Corbusier reworked the design for the pilotis in the atrium, borrowing aspects from a design he had already used for a roof stair in the Unité at Rezé-les-Nantes. He also added a spiral staircase in the west wing, linking the atrium with the classrooms. And he began working on the design of the belfry. In the meantime, while all these forms were taking shape, André Wogensky was doing the rounds of the contracting firms, which numbered over thirty in total.

1956

In January 1956, the first quotes started coming in, sparking disappointment and frustration – they overshot the budget by around 30%. Friction between the project members mounted and Iannis Xenakis sent the first memo of many to Le Corbusier, explaining how he was sure the major problems could be solved. André

mant l'église en immense instrument de musique, il dessine un grand pavillon chargé de retransmettre dans la vallée le son de cloches électroniques.

Plus pragmatiquement, il s'agira six ans plus tard de se soucier de l'acoustique de l'église sur la demande pressante des Dominicains. L'étude fait apparaître un temps de réverbération de sept secondes alors qu'une bonne acoustique réclame un temps de 1"4. Les entreprises proposeront de recouvrir les parois de la nef, mais Le Corbusier refusera cette solution[24]. Les Dominicains estimeront finalement l'acoustique globalement satisfaisante.

Le Corbusier reprend le dessin des pilotis de l'atrium en leur donnant leur forme sculpturale, se référant à un dessin déjà utilisé pour un escalier du toit de l'Unité de Rezé-les-Nantes. Il ajoute l'escalier en colimaçon de l'aile ouest reliant aux salles de cours l'atrium. Il travaille également à cette période aux premiers dessins du clocher.

Pendant que naissent ces formes, André Wogensky consulte les entreprises, plus d'une trentaine.

1956

En janvier 1956, lorsque les premiers devis arrivent, la déconvenue est douloureuse. Les dépassements de prix avoisinent les 30% et les tensions entre les auteurs du projet se font jour. Iannis Xenakis envoie alors une première note à Le Corbusier, se faisant fort de résoudre les principaux problèmes. André Wogensky, qui depuis quelques mois avait pris son indépendance en installant sa propre agence rue Flandrin et qui suivait le projet par fidélité à ses engagements auprès de Le Corbusier, se trouvait dans

Spiral staircase linking the atrium with the classrooms.

Escalier en colimaçon reliant l'atrium aux salles de cours

Wogenscky, who had set up his own practice several months previously in Rue Flandrin but was tracking the project out of loyalty to Le Corbusier, found himself in rather a dilemma. He was responsible for making sure the project would be carried out in accordance with the requirements of the client, to whom he had promised not to go over 190 million francs. However, he was not Iannis Xenakis' boss. As for Le Corbusier, he did not want to take sides in this power struggle, nor did he want to compromise his own architectural design: "I have read the memo sent by Iannis Xenakis, of which you have received a copy. His argument seems totally reasonable to me and I am sure that you and he will put your heads together with the rest of the team, just like a family, and work out an appropriate solution. Concerning the scheme itself, I have revised and simplified it as much as can be feasibly done. I cannot assent to any further deletions, nor can I allow any other changes. Pray forgive my lack of modesty but I like this scheme. I find it well designed and I would like to see it built just the way it is. Bear in mind one thing: at 68 years old I do not have to prove that I can make inexpensive architecture. Those prices that have to be cut can be cut (…). I do not want to take out the roof terrace parapet nor do I want to take out the loggias, for these have been central to all of my domestic architecture projects since I came across them in 1907 at the Charterhouse of Ema in Tuscany".[25]

André Wogenscky was clearly troubled by this situation, which put him at odds with the client, for he responded by frankly setting out a few issues relating to the poor running of the Ate-

une position difficile. Il était responsable auprès du client de la bonne conduite du projet et avait promis de ne pas dépasser un montant de 190 millions de francs. Pour autant, il n'avait pas la maîtrise du projet dont Iannis Xenakis était chargé. Le Corbusier quant à lui ne tenait pas à trancher ce débat des responsabilités ni à transiger sur son architecture: «J'ai lu la note dont Iannis Xenakis vous a envoyé un double… Il me semble que son raisonnement se tient parfaitement et que les modalités de réalisation vont être trouvées par vous et lui, et vos collaborateurs naturellement, en famille. Concernant le projet lui-même, j'ai fait la révision totale avec les simplifications que le projet peut supporter. Je ne peux pas me livrer à d'autres suppressions et je ne peux pas consentir à d'autres changements. Vous excuserez mon manque de modestie, mais j'aime ce projet; je le trouve bien fait et je voudrais le voir exécuter tel qu'il est là. Dites-vous bien une chose: je n'ai pas à 68 ans à faire une démonstration d'architecture pas chère. La marge des prix qu'il faut comprimer est compressible: … je ne veux pas supprimer le parapet de terrasse. Je ne veux pas supprimer les loggias, qui sont au point de vue moine la clef même qui a inspiré toute mon architecture domestique à partir de 1907 à la Chartreuse d'Ema en Toscane.»[25]

André Wogenscky, visiblement affecté par cette position qui le met en porte-à-faux par rapport au client qu'il défend, donne quelques précisions sur les dysfonctionnements de l'Atelier: «je reste persuadé qu'on travaille trop lentement dans votre équipe et sans s'occuper suffisamment en cours d'étude du prix de la construction. Deux ans d'études c'est trop,…, trop pour arriver à un dépassement de 40 millions…. Je vous ai proposé une nouvelle organisation dans le

lier: "I am convinced that the people in your team are working too slowly and that they are not taking enough time in the design process to think of the construction price. A two-year design phase is too long… especially when the budget is overrun by 40 million. I have drawn up a new organizational plan in the aim of curing the disease that has afflicted your team". Moreover, André Wogenscky did not much care for the way the scheme was developing: "It could be plainer and purer. To my mind it contains too many decorative features".[26]

Le Corbusier agreed to certain changes, two of which were crucial. First, the overall height of the building was lowered by one storey, and second, the metal frame that had originally been decided on for the church was replaced by shuttered concrete.

but d'atténuer ce défaut, cette maladie de votre équipe.» De plus, André Wogenscky n'apprécie pas le développement qu'a pris le projet: «Il pouvait être plus simple, plus épuré. Il contient à mon sens certains éléments trop décoratifs»[26].

Le Corbusier consentira à certaines modifications. Ainsi la hauteur générale du bâtiment sera-t-elle abaissée. La perte d'un niveau en constituera donc l'élément le plus saillant avec le changement de mode constructif de l'église; l'ossature métallique initiale de l'église sera en effet remplacée par une option béton banché.

History of the Construction Process

Histoire du chantier

The Contracting Firm

It was eventually the contractors (Sud-Est Travaux et Construction – SETC) who came up with an answer to the money problem, by reworking the construction concept. This firm was highly specialized, due both to its own specific history and to the more general developments that were taking place in the building industry regarding the use of concrete. In the area around Lyons, bare concrete had been very rarely used up until then in architecture. In fact, there was just one person who had been able to get it accepted: René Gagès, who built a low-rent housing block in 954 in association with the contractor G.F.C.[27] (it is interesting to note that Pierre Favre, the future site architect of La Tourette, was working with G.F.C. at the time). The truth is that bare concrete was essentially a civil engineering technique, with standard formwork and continuous flows of cement only being used for building dams in the Alps. It just so happened that the contractors who were assigned the La Tourette project (Favre, Burdin and Vallade) all had civil engineering backgrounds, and working under the banner of SETC, they applied their know-how to the monastery, making it one of the first examples of bare concrete architecture.

SETC was set up on 7 August 1956 specifically for the monastery project. It was the fruit of a merger between two companies based in Chambéry in the French Alps: Pegaz and Pugeat and Burdin-Peratone. The former was experienced in constructing hydraulic dams, and since this particular market segment was in decline, it was seeking to expand into the building sector.

Les entrepreneurs

Ce seront finalement les entrepreneurs qui apporteront la solution au problème en reprenant le projet de construction sur des bases nouvelles. Le savoir faire de l'entreprise Sud-Est Travaux et Construction est particulier et tient à la fois à son histoire propre et à celle plus générale du développement des techniques de mise en œuvre du béton. Dans la région lyonnaise, le béton brut n'avait été employé en architecture à cette époque que de manière exceptionnelle. Seul René Gagès avait réussi à imposer cette technique en même temps que l'entreprise G.F.C.[27], seule capable de maîtriser alors cette technique, lors de la réalisation, en 1954, d'une HLM. Il est intéressant de noter que P. Favre, futur directeur du chantier de La Tourette, travailla dans cette entreprise. Le couvent de La Tourette sera ainsi l'un des premiers chantiers à mettre en œuvre ce matériau et cette technique. Le béton brut est essentiellement une technique de travaux publics. Coffrages réguliers et coulées continues ne sont guère utilisés à l'époque si ce n'est dans la construction des barrages alpins. Or, les entrepreneurs Favre, Burdin et Vallade, qui vont prendre en charge le projet, sont tous issus des travaux publics et vont faire bénéficier le couvent de cette expérience. L'entreprise Sud-Est Travaux et Construction qui va les regrouper porte ce savoir-faire et cette culture qu'elle va transférer dans le domaine du bâtiment.

Créée, le 7 août 1956 (pour répondre à la commande du couvent qui sera de ce fait son premier ouvrage), SETC est le fruit de la fusion de deux entreprises de Chambéry: Pegaz et Pugeat et Burdin-Peratone. La première, présente sur les chantiers des barrages hydrauliques, cherchait à diversifier son activité dans

Photos of the building site   Photos de chantier

As for Burdin – a young and dynamic contractor – he had initially been called on about the flooring, but he seized the opportunity, first by asking Pegaz and Pugeat if they wanted to go into partnership, then by sending in a quote for the overall project. Thanks to their expertise, SETC were able to bring down the costs substantially, which made the Atelier sit up straightaway, and very quickly they were offered the job. Their first step at the helm of the construction process was to replace Séchaud and Metz (the structural engineers) by their own engineer – T. Jean-Bloch from Omnium Technique des Constructions (OTC).

SETC impacted the architecture of La Tourette in two major ways. First, the quality design of the wall shuttering. Vallade hired formworkers he had used for the dams and set up a workshop on site, which attests to how much the church and chapel walls owe their outstanding quality to civil engineering skills. Second, and even more determining, was their prestressing technique. By employing this method, the contractors were able to considerably reduce the height of the 3m-long girders and of the 2.2m overhangs crossing the wings of the building, which pleased Le Corbusier both from an architectural and financial perspective. The technique left scars on the facades, in the form of six points delineated by a rectangle at spandrel level; it is here that the cabling is run in, with each cable being tensioned in line with the load assigned to it. The same technique was also applied to the roof slab of the chapel, given that it was to bear the heavy weight of the light cannons. The result is a

le secteur du bâtiment en prévision de la disparition de ce type de marché. Par ailleurs, Burdin, jeune et dynamique entrepreneur, qui avait été consulté initialement pour le lot «traitement de sol» saisit l'opportunité pour proposer d'une part une association avec Pegaz et Pugeat et de l'autre un devis aux architectes du couvent de La Tourette. Repensant l'ensemble du projet à partir de leur savoir-faire, SETC aboutit à des réductions substantielles qui intéressent immédiatement les maîtres d'œuvre. Et très rapidement le principe consistant à leur confier la direction des opérations s'impose. Leur première décision consistera à remplacer le bureau d'ingénieurs Séchaud et Metz par T. Jean-Bloch de l'OTC, Omnium Technique des Constructions, leur ingénieur. Ce changement symbolisera la prise de direction de la construction par les entrepreneurs.

Leur apport déterminant du point de vue de l'architecture réside d'une part dans la qualité des banchages et d'autre part dans l'emploi de la précontrainte. Pour maîtriser les techniques de coffrage, Vallade engage des coffreurs qu'il a connus sur les barrages et installe l'atelier sur le chantier de La Tourette. La réalisation des parois de l'église ou de la chapelle doit sa qualité assez exceptionnelle pour l'époque à ce savoir faire forgé sur les ouvrages de travaux publics. Plus déterminante encore sera l'utilisation de la précontrainte. Grâce à cette technique, la hauteur des poutres longues de trois mètres, comme des porte à faux de 2,20 m qui traversent les ailes du bâtiment, peut être considérablement réduite, ce qui donne satisfaction à Le Corbusier tant du point de vue architectural que budgétaire. Cette technique laisse ses traces sur la façade en imprimant à la hauteur des allèges six points circonscrits par un rectangle. À cet endroit se

real masterpiece of prestressing that has been handed down to us in photos of the construction site, and which can only be perceived in the built work through the strange outgrowths that crown the wall, stigmatizing the strain of each tautly tensioned cable.

The Structural Frame

Nowhere is the raw constructional essence of the monastery better exposed than in the ensemble made up of the church, the chapel and the sacristy. Having discarded the metal frame, the project team set about erecting a bare concrete wall – one of the earliest in the history of architecture. Nonetheless, the shuttered concrete does come across as slightly archaic; for instance, several courses of concrete were applied and there are multiple joins owing to the small shuttering panels used. It is a technique that goes back as far as clay and adobe architecture, and was particularly popular in and around Lyon.[28] This technique was then adapted using clinker concrete, and was again widely employed in the region. In short, then, local construction practices and large-scale civil engineering techniques were brought together, giving rise to a visionary architectural design that can be heralded as a flagship of modernity. The roof was built using prestressing techniques, while the church walls bear the weight of sixty-two prestressed and butt-jointed girders that were covered first in cement screed then in earth. Prefabricated "sabla" slabs were hung from these girders to constitute the ceiling. And lastly, the side chapel was treated to a complex slab system

trouve l'arrivée des câbles auxquels a été appliquée une tension spécifique en fonction de la charge que chacun devait recevoir. Dans le cas de la chapelle, cette technique fut employée pour la réalisation de la dalle de toiture qui devait supporter le poids considérable des canons à lumière. L'opération invita à réaliser un petit chef-d'œuvre de précontrainte dont témoignent les photos de chantier et dont on ne perçoit plus que les étranges excroissances qui couronnent le mur, stigmatisant l'effort de chaque câble au travail.

La structure

L'ensemble constitué par l'église, la chapelle et la sacristie représente le moment de vérité constructive du couvent. L'abandon du système d'ossature métallique a permis de mettre en œuvre l'une des premières parois de béton brut de l'histoire de l'architecture. Cependant, le béton banché utilisé reste marqué par un certain archaïsme: les banches étant de petites dimensions, les raccords s'en trouvent en effet multipliés comme le nombre d'assises successives à mettre en œuvre. L'origine de cette technique remonte en fait à l'architecture de terre et au pisé pour lequel fut mis au point le système des banches que la ville de Lyon[28] et sa région ont privilégié. Cette technique de banche donnait lieu à la même époque à une adaptation très répandue dans la région, utilisant un béton de mâchefer. Ainsi les grands chantiers de génie civil et les procédés de construction vernaculaires se retrouvent-ils associés pour donner naissance à un projet d'architecture symbole de la modernité. Quant au couvrement, il est assuré par le recours aux techniques de précontrainte. Les murs de l'église supportent soixante-deux poutres précon-

comprising a "grid" of tensioned cables.

The Three Wings

The construction principle underlying the structural frame of the three wings is more complex than that of the church. It was decided to use a concrete frame, filled with bricks and rubble, which meant spraying on plaster and thus concealing the construction system. Conversely, the structural independence of the three wings can be clearly seen in the marked contrast between the facades and the ends of each wing, creating a duality that forms the mainspring of the composition. By adopting this radical solution, Le Corbusier also neatly created a return corner for the three identical wings. The smooth blank surfaces of the ends, scarified solely by a few "concrete flowers" and a gargoyle, play the role traditionally accorded to corner pillars.

The size of the frame was based on the width of the cells (1.83m and 2.26m). These units, which were adjoined in twos, threes or fours depending on the function of each one, mark out an uneven grid that bows to the many irregularities engendered by the plan. Post-and-beam partitioning was used for the top two floors of cells, whereas the lower floors contain a system of prestressed girders and string courses placed lengthways and crosswise, making up the base of the upper storeys. These girders are supported by central portal frames (with hefty cantilevers attached) that serve to clear space along the facade. This design principle was adjusted to the function of each space, breeding some

traintes jointives qui seront recouvertes d'une chape de ciment puis d'un sol naturel. Des dalles préfabriquées «sabla» sont suspendues à ces poutres pour constituer le plafond. La crypte, elle, reçoit une dalle complexe formée d'une «trame» de câbles précontraints.

Les trois ailes

Le parti constructif qui préside à l'organisation structurelle des trois ailes ne possède ni la lisibilité ni la simplicité rencontrées dans la lecture du projet de l'église. Le choix d'une ossature de béton, associée à un remplissage de hourdis et de briques, nécessite l'emploi d'un enduit projeté qui ne permet plus de saisir le système constructif. Inversement, l'indépendance constructive des trois ailes se lit clairement dans l'opposition affirmée entre pignon et façade. Cette dualité constitue l'argument de la composition. De manière remarquable la succession façade pignon se donne à lire frontalement sur chaque «face» du bâtiment. C'est par ce choix radical que Le Corbusier résoud la question du traitement de l'angle et le problème du «retournement» de trois ailes identiques. La face lisse et aveugle du pignon, marquée des seules scarifications des «fleurs de béton» et d'une gargouille, joue le rôle dévolu classiquement à la colonne d'angle.

La conception de la structure repose du point de vue dimensionnel sur la largeur de la cellule, 1,83 m et 2,26 m. Ces unités répétées deux, trois ou quatre fois selon des besoins d'ordre fonctionnel, déterminent une trame irrégulière qui se plie aux nombreuses exceptions engendrées par le plan. La partition des poteaux et poutres des étages de cellules est reprise au niveau inférieur par un

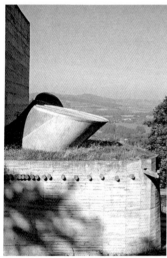

Brutalist effect on the wall resulting from marks left by the shuttering

Les traces laissées par les banches créées une modénature brutaliste qui donne à la paroi son caractère

Frieze crowning the crypt, created by the tips of the prestressed cables

Les embouts des câbles de précontrainte dessinent une frise qui couronne la crypte

Juxtaposition of the west and south wings, highlighting the blank end wall.

Juxtaposition des ailes ouest et sud mettant en évidence le pignon

unexpected compromises such as in the library where the expansion joint cleaves the posts all the way down.

Occasionally, the sculptural show seems to get the upper hand over constructional rationale. For example, the long white inside walls running along the access corridors to the monks' cells seem to be carrying the weight of the building, resting merely on small concrete boxes shaped like sugar cubes. This purely sculptural effect in fact camouflages a totally different scenario: it is the posts positioned on the right of the "sugar cubes" that act as the load-bearing structure, with the plaster concealing not only the hollow brick infill but also the posts themselves. The concrete boxes are thus nothing more than a somewhat misleading protrusion.

The Construction Phase (1956–1960)

Having seen to all the preliminaries, construction could finally get underway and 12 September 1956 saw the first block of concrete being cast. Pierre Favre was busy overseeing the building site, while Jean-Bloch from OTC and the project architects were feverishly fleshing out the last working drawings. Many important decisions had still not been made, let alone set down on paper, such as the roof plan, the shape of the "combs", the building system for the church, the layout of the floor-to-ceiling glazing and so forth. Delays in handing over the plans were a source of constant conflict, and Pierre Favre even threatened to halt all building work. Fernand Gardien (the site supervisor) left memo upon memo to try and speed up the process: "Memo

système de poutres et bandeaux longitudinaux et transversaux précontraints qui constituent le socle des étages supérieurs. Ces poutres sont soutenues par des portiques centraux auxquels sont adjointes de puissantes consoles. Ces portiques dégagent la façade.

Ce principe s'adapte ensuite aux besoins fonctionnels en donnant lieu à des compromis surprenants comme dans la bibliothèque où le joint de dilatation «sectionne» les poteaux dans leur hauteur.

Parfois le jeu plastique semble l'emporter sur la vérité constructive. Ainsi sur les façades intérieures il semble que les longs murs blancs à la hauteur des couloirs des étages des cellules portent le bâtiment en s'appuyant sur de petits parallélépipèdes de béton en forme de sucres. L'effet purement plastique masque en réalité une structure constructive d'une toute autre nature: ce sont les poteaux situés au droit des «sucres» qui constituent la structure porteuse, le remplissage de brique creuse disparaissant derrière l'enduit avec le poteau, le bloc de béton n'étant qu'une excroissance trompeuse.

Le chantier: 1956–1960

Après les travaux de sondage et d'installation de chantier, le 12 septembre 1956 a enfin lieu la première coulée de béton. Parallèlement, une intense activité lie Pierre Favre sur le chantier de La Tourette, T. Jean-Bloch à l'OTC et les architectes autour de la définition des derniers plans d'exécution. Un grand nombre de décisions ne sont pas encore prises, et encore moins dessinées, concernant des points importants tels que le mode de construction de l'église, le plan de toiture, la forme des «peignes», la ré-

End wall of the south wing with "concrete flowers".

Pignon de l'aile sud avec ses «fleurs de béton»

to the attention of Mr. Le Corbusier: inexcusable delays in delivering the plans. List of plans to be finalized at Rue de Sèvres: ventilation components, wiring and electrical appliances […] choir stalls based on sketches by Le Corbusier and the fathers, light cannons (we are at mock-up stage), church basement (plans already given to Bloch) and organs".

Despite all the hold-ups, the ground floor slab was nonetheless completed by spring 1957, followed by a prototype cell in the September. However, the delays kept building up and work had not even begun on the church. On top of this, André Wogenscky pulled out on 1st January 1958 and the project was entrusted to an architect named G. M. Présenté, to whom Fernand Gardien passed on all the files. A clash occurred over a spate of errors in the plans, notably concerning the pockets in the atrium girders, as can be seen in a letter sent by G. M. Présenté to the Atelier: "SETC have shown themselves to be be far too pliable from the very outset of the building works, which are being handled very short-sightedly […] Your insinuations are most disagreeable, for we believe that we are doing a good job in spite of the many difficulties we have encountered, including a lack of plans and specifications".[29]

In July 1958, SETC finally finished the living quarters and started on the church, which took a whole year's work. Then at long last came the opening ceremony, on 19 October 1960. During his speech, Le Corbusier warmly thanked the contractors: "The contracting team had an incredible sense of conviction, which has been most faithfully conveyed to me by

partition des pans de verre, etc. Le retard dans la production des plans architectes sera une source de conflits permanents. Pierre Favre qui dirige l'entreprise menace même d'arrêter les travaux. Fernand Gardien qui, pour l'Atelier de la rue de Sèvres, suit le chantier, laisse note sur note pour essayer de compenser le retard. «note à l'attention de M. Le Corbusier: retard inadmissible des plans. Liste des plans à terminer rue de Sèvres: fleurs de ventilation, installation électrique et appareils en fonction du marché; … stalles d'après croquis des pères et de Le Corbusier, canons à lumière (nous en sommes au bidon); sous-sol église, plans remis à Bloch, orgues.»

Le Printemps 1957 voit malgré tout s'achever le premier niveau de plancher et en septembre une cellule prototype est achevée. Les retards s'accumulent cependant et l'église n'est pas commencée. De plus, au premier janvier 1958 André Wogenscky ne suit plus le projet qui est désormais confié au cabinet G. M. Présenté où Fernand Gardien vient poser ses dossiers. Des séries d'erreurs de plans concernant notamment des réservations dans les poutres de l'Atrium finissent par exaspérer l'entreprise: «SETC n'a fait preuve que de trop de souplesse depuis le début de ce chantier, qui est mené du point de vue de la coordination à la petite semaine… vos insinuations sont assez déplaisantes. Nous avons d'ailleurs la prétention de faire une exécution correcte malgré de nombreuses difficultés que nous avons eues: manque de plans et de précisions. »[29]

En juillet 1958, SETC quitte enfin les ailes d'habitation pour entreprendre l'église qui demandera une année entière de travail. Le 19 octobre 1960 Le Corbusier pourra assister à la consécra-

Gardien. It is these moments that are the most joyful in our tough business; the moments when we become friends with people who know what they are speaking about, that is, with those who actually carry out the work. For there are so many enemies out there who are quick to put a spoke in the wheel of progress, whatever its form, without even knowing what it's about, without ever having seen anything, without knowing anything at all!" Le Corbusier then ended with: "Well, I have to admit that I never heard a word about our La Tourette contractors, which means that working with them was an easy ride!"[30]

tion du couvent. Lors de son allocution, Le Corbusier a pour les entrepreneurs ces mots de reconnaissance: «Nous avons rencontré, et c'est Gardien qui m'en est le fidèle rapporteur, une conviction magnifique chez les exécutants. C'est là un des moments de joie de notre rude métier: trouver ses amis chez ceux qui savent de quoi ils parlent, c'est-à-dire chez ceux qui exécutent, alors que tant d'ennemis se mettent en travers de tout progrès, quel qu'il soit, sans même savoir de quoi il s'agit, sans avoir rien vu, sans savoir rien du tout!» et finalement «eh bien je l'avoue, je n'ai jamais entendu parler de nos entrepreneurs de La Tourette, ce qui veut dire que tout allait tout seul!»[30]

The Lesson of the Monastery

Les leçons du couvent

The monastery of La Tourette is a late work, built at a stage of maturity in Le Corbusier's career. The experimental phase was far behind him, and the main challenge at hand was to exercise a freedom of expression that had long been a bone of contention. Having nothing left to prove, all he had to do was show. La Tourette provided him with the channel for phrasing this free language that had been mastered only after years of patient search. The aura that emanates from the work, and which struck architects at the time, stems undoubtedly from an expressive sensation of momentum released from all theorizing fetters. The monastery is poetic precisely because it slips through the net of rules that the master himself imposed on it. The sharp contrasts, unyielding contradictions and deliberate coincidences were all traps laid by Le Corbusier with the firm intention of falling into them. The building can thus be interpreted in any number of ways, and yet at the same time there can be no single interpretation. This work is no manifesto, but rather a vast architectural epic offering much to mull over.

Points of Reference:

From the Charterhouse of Ema to the Unités d'Habitation

> "Set right in the heart of Tuscany, the Charterhouse of Ema sits atop a hill, revealing the crenelations formed by each of the monks' cells placed at the peak of a huge stronghold wall".[31]

At this juncture it is worth noting the models adopted by Le Corbusier, so as to better grasp all the intricacies of the

Le couvent de La Tourette fait partie des œuvres de la maturité. L'époque des expérimentations et des manifestes est déjà loin. L'enjeu réside désormais dans l'exercice d'une liberté d'expression longtemps contestée. N'ayant plus rien à démontrer, il lui reste plus simplement à montrer. La Tourette est l'expression de cette liberté de langage conquise par des années d'exercice patient. L'aura de cette œuvre qui a marqué les architectes de cette période, réside sans doute dans cet élan expressif émancipé de toute volonté théoricienne. La poésie de l'œuvre tient à cette écriture distanciée des règles mêmes que le maître s'est imposées. Oppositions fortes, contradictions sans concession, hasards volontaires sont autant de jeux auxquels Le Corbusier entend se livrer. Le couvent peut ainsi faire l'objet de multiples interprétations et d'aucune tout à la fois. L'œuvre n'est pas un manifeste mais une vaste épopée offerte à la méditation architecturale.

Les références:

De la Chartreuse d'Ema aux Unités d'Habitation

> «En pleine Toscane, la Chartreuse d'Ema couronnant une colline laisse voir les créneaux formés par chacune des cellules de moines à pic sur un immense mur de château fort.»[31]

Afin de mieux saisir la dynamique de l'écriture architecturale, il n'est pas sans intérêt de repérer les modèles convoqués par Le Corbusier. En suivant une trame chronologique on citera en premier lieu la Chartreuse d'Ema dont il rappelle la découverte en 1907. Le plan de la Chartreuse fut une révélation pour Le Corbusier à la recherche d'une unité

The Charterhouse of Ema

La Chartreuse d'Ema

scheme. From a chronological perspective, the first point of reference is the Charterhouse of Ema, which he visited in 1907. The building made a huge impact on him, particularly as he was seeking a functional unity that would combine working time with leisure as well as community life with private life, and he would constantly return to the prototype of a cell overlooking a walled garden. It constituted a model of minimum housing, composed of a long deep cell with a loggia, and became a figurehead for linking indoor and outdoor space that Le Corbusier staunchly refused to compromise over. This syntactic element is doubly poignant in La Tourette, for not only is it a dwelling place, it is a dwelling place for monks. The circle had come full course – fifty years after Le Corbusier's initiating experience in Tuscany, the Charterhouse of Ema had crossed his path again.

A rather more direct architectural relationship is established in the kinship between the monastery and the concept of a Unité d'Habitation inasmuch as the prefabricated panel moulds for the loggias were the selfsame ones used for the Unité in Rezé-les-Nantes. Thus, the originating link connecting profane and secular spaces that had been severed by Le Corbusier in an "atheist" attempt to resolve the issue of modern housing was tied together again. By moving backwards, the thread that had been broken in 1907 was mended in a way, and it is not difficult to imagine how emotional it must have been for Le Corbusier to be commissioned with a project that so closely resembled the Charterhouse of Ema. Perhaps it was even the main reason why he accepted Father Couturier's offer. Had he perhaps even insti-

fonctionnelle associant temps de travail et de repos, vie collective et individuelle. L'association de la cellule d'habitation avec son espace extérieur de jardin délimité par un mur sera reprise de manière récurrente dans les programmes de logement. Ce modèle d'habitat minimum deviendra la figure symbolique exprimant la liaison entre espaces intérieur et extérieur. La cellule en longueur associée à une loggia constitue un modèle sur lequel on a vu Le Corbusier refuser toute remise en cause. Cet élément de syntaxe est ici doublement appelé par le programme du couvent puisqu'il s'agit d'un bâtiment d'habitation et qui plus est de celle de moines. La Chartreuse d'Ema fait ici retour dans l'expérience de Le Corbusier, 50 ans après l'expérience initiatique de Toscane.

La parenté avec le concept d'unité d'habitation est quant à elle désignée par une citation architecturale directe. Les moules des panneaux préfabriqués des loggias sont ceux-là mêmes qui servirent pour l'unité de Rezé-les-Nantes. Espaces sacré et profane retrouvent ainsi à La Tourette le lien originaire que «l'athéisme» de Le Corbusier avait disjoint afin de répondre à la question de l'habitation moderne. Par un mouvement à rebours le lien rompu en 1907 est en quelque sorte renoué à l'occasion du programme du couvent, et l'on peut imaginer combien cette évocation de la Chartreuse d'Ema, si souvent citée, dut être pour Le Corbusier un moment fort de son engagement dans le projet. On peut même estimer que la mémoire de la Chartreuse d'Ema fut la raison première qui lui fit accepter l'offre du Père Couturier. N'avait-il pas d'une certaine manière provoqué cette demande en rétorquant aux commanditaires d'architecture religieuse: «qu'il ne pouvait pas concevoir un programme d'art sacré

gated it by retorting to the commissioners of religious architecture that he could not design a building "for men who don't live there"?

Thoronet Abbey and the Monastery of Mt. Athos

Acting on the advice of Father Couturier, Le Corbusier visited Thoronet Abbey, which some critics have argued greatly influenced the scheme for La Tourette. Their main supporting evidence is that both buildings stand on sloping sites, which may have played a determining role in the choice of design solutions. However, there are no solid grounds for believing this. Although some specific connections can be noted, such as the prism over the fountain at Thoronet and the one that tops the oratory at La Tourette, along with the play on curving planes that follow the lie of the land, it would be difficult to be more conclusive. What is certain, though, is that Le Corbusier used the square plan of medieval abbeys, enclosing a courtyard and cloister within the space marked out by rectilinear buildings.

It is also incontestable that the design was initially influenced by the monastery of Simono Petra on Mt. Athos visited by Le Corbusier during his "Journey to the East" in 1911. A sketch dated 7 May 1954 entitled "monastery" shows a scheme for La Tourette at the top of the page with a drawing below, which is a reproduction of the one sketched on Mt. Athos back in 1911.[32] This working procedure is very recognizably Le Corbusier: he would set up a direct relationship between the project he was working on with a piece of historical architecture and its respective site that he had drawn in his travel log. The same

dans lequel il ne pouvait pas loger des individus…»

De l'abbaye du Thoronet au monastère du mont Athos

Sur le conseil du Père Couturier, Le Corbusier visita l'abbaye du Thoronet. Certains critiques estiment que cette architecture eut une influence importante sur son projet. La déclivité commune aux deux terrains aurait par exemple orienté Le Corbusier dans ses choix, mais rien ne permet d'attester ce rapprochement. On peut plus certainement et plus simplement considérer qu'il reprend aux abbayes médiévales le thème du plan carré enserrant par des bâtiments rectilignes une cour et son cloître. Certains traits particuliers peuvent cependant être évoqués comme celui du prisme couvrant la fontaine du Thoronet et qui coiffe aussi l'oratoire de La Tourette, ou le jeu des plans inclinés qui suivent le mouvement du sol, mais on ne saurait aller au-delà.

Plus certainement, c'est le souvenir du voyage d'Orient en 1911 avec la découverte du monastère Simono Petra du mont Athos qui marque initialement le projet. L'esquisse du 7 mai 54 intitulée «couvent» montre en même temps le projet de La Tourette sur le haut de la page et un dessin qui est la reprise de celui du mont Athos réalisé en 1911[32]. On retrouve ici une méthode de travail propre à Le Corbusier consistant à mettre directement en rapport l'ensemble constitué par une architecture historique et son site tel que le carnet de voyage en garde la mémoire graphique, avec le projet en cours d'étude. Ainsi un dessin de 1934[33] met-il en parallèle de la même manière le projet pour le Palais des Soviets avec l'ensemble pisan dessiné lors des voyages de 1907 et 1911. Le dessin pour le couvent de 1954 ren-

procedure can be found in a drawing dated 1934,[33] in which he drew a parallel between the scheme for the Palace of the Soviets and a Pisan building that he had sketched on his travels between 1907 and 1911. The 1954 drawing of the monastery thus casts light on two aspects of the scheme. First and foremost, the general design of the buildings is intimately connected with the site. Second, this design reflects a "landscape" that had already been visited and, more importantly, already sketched. To some extent, it could even be said that the monastery scheme is a reworked version of the first sketch drawn not in 1954 but in 1911.

Looking more closely at the details of the Mt. Athos sketch, it can also be noted that the building as it is drawn plays on a similar contrast of a solid section and several floors of cells. Hence, while the Charterhouse of Ema may have served as a functional model for the monastery, Mt. Athos certainly holds the key to its architectural design and positioning.

Mention should also be made here of an account by Iannis Xenakis who remembers Le Corbusier telling him about a church he had visited near Moscow, and how the nave played on a ramp system.[34] However, it is difficult to assess just how influential this model was, given the lack of specific detail.

Pilotis, Roof Terrace and Ramp

The sketch dated 4 May 1953 clearly depicts the references Le Corbusier used from his own architecture. In three swift strokes – as swift as the idea that sired their creation – he set out the pilotis and the roof terrace, linking them via a ramp. Basically, this

seigne ainsi sur deux aspects du projet. Tout d'abord la vision globale des bâtiments est indissociable du site dans lequel ils vont s'inscrire. On remarque ensuite que cette vision trouve sa figure dans la référence à un «paysage» déjà visité et plus encore déjà dessiné. D'une certaine manière, on pourrait dire que le projet du couvent est «redessiné» à partir d'une première esquisse réalisée non pas en 1954 mais bien en 1911. Pour le Corbusier, le «paysage» est la mémoire d'un autre paysage.

Si l'on regarde plus précisément les détails du dessin du mont Athos, on remarque également que l'édifice, tel qu'il est dessiné, préfigure le couvent dans cette opposition qui le caractérise entre une assise pleine et un couronnement de quelques niveaux de «cellules d'habitation». Si la Chartreuse d'Ema fut le modèle fonctionnel du couvent, le mont Athos fut bien celui de son architecture et de son inscription dans le site.

Il convient également de faire référence au témoignage de Iannis Xenakis qui se souvient d'une discussion avec Le Corbusier où le modèle d'une église visitée près de Moscou avait été évoqué pour la manière dont le volume de la nef jouait avec un système de rampe[34]. Mais, en l'absence d'autres précisions, il est difficile de mesurer l'influence de ce modèle.

Pilotis, toit terrasse, rampe

Le dessin du 4 mai 1953 évoque quant à lui, la reprise par Le Corbusier des modèles de sa propre architecture. En trois traits aussi rapides que la décision qui les a vu naître, les pilotis, le toit terrasse et la rampe qui les joint sont mis en place. L'esquisse valide simplement les résultats d'une expérience construite de longue date. Ce schéma dessine donc

Sketch dated 7 May 1954 (FLC 1234)

Esquisse du 7 mai 54 (FLC 1234)

sketch is the fruit of many years of experience, for it was not shapes and forms that were being laid out here but rather a design protocol. More questions than answers seem to be being raised in the drawing, namely how the pilotis, ramps and roof terrace could be inscribed in the site while at the same time meet the functional needs of a monastery.

Le Corbusier would draw the first response from his memories of Mt. Athos and the Charterhouse of Ema, while the second perhaps derived from a more urban experience, namely the Obus plan designed in 1930 for Algiers. Comparing this with La Tourette, both schemes would appear to have several points in common. In the Algiers plan not only does the site slope, but there is also a "horizontal top line" given over to circulation and housing. More importantly, though, it includes the principle of a secondary circulation system comprising a ramp and conduits laid on pilotis, thus prefiguring the concept of elevated spaces that characterize La Tourette. Even the very drawings of the pilotis are a precursor to the 1954 sketches, for they are displayed in various shapes and sizes.

In sum then, whereas the drawing of Mt. Athos offers insight into the way the site is landscaped at La Tourette, the Obus plan for Algiers enlightens us on the underlying "urbanistic" approach. The urban element of the monastery must therefore be underscored in order for the work to be grasped in its full diversity. For Le Corbusier, the monastery was a "town", a small city which he fashioned using the tools and strategies he had acquired as an urban planner.

moins une volumétrie qu'un protocole de projet. Comment pilotis, rampes et toit terrasse peuvent-ils s'inscrire dans le site et répondre au programme fonctionnel d'un couvent ?: tel semble être le sens de ce tracé qui pose plus de questions qu'il ne donne de réponses.

La première réponse sera celle apportée par les souvenirs du mont Athos et de la Chartreuse d'Ema. Une seconde peut être dérivée d'expériences plus proprement urbanistiques. Le parallèle avec le projet «Plan Obus» pour Alger de 1930 peut éclairer la démarche qui préside à l'élaboration du couvent. Bien qu'à une échelle différente, un certain nombre de composants du projet pour La Tourette se trouvent avancés à l'occasion de ce plan d'urbanisme. On peut penser que la déclivité du terrain associée au parti d'une circulation «horizontale au sommet» des bâtiments d'habitation désigne une parenté initiale. Plus avant, à Alger se greffe sur ce principe un système secondaire de rampe et de conduits posés sur pilotis qui découvre déjà cette sustentation des espaces propres à La Tourette. Le dessin des pilotis eux-mêmes préfigure les dessins de 1954 avec l'apparition de formes diversifiées.

Alors que le mont Athos renseignait sur la composition paysagère du projet, le plan «Obus» pour Alger informe sur la démarche «urbanistique» sous-jacente. La dimension «urbaine» du projet de La Tourette doit ainsi être soulignée pour lire l'œuvre dans la diversité de ses échelles. Le couvent est pour Le Corbusier une «ville», une petite cité à laquelle il affecte sa démarche et sa sensibilité d'urbaniste.

Pilotis: An Open Garden

The pilotis were accorded a whole gamut of responses, ranging from the slender columns of the Villa Savoye to the sturdy V shaped stacks of Marseilles. The theme itself was reworked though, with each load-bearing pillar being designed individually. Not one of them has a twin; there is the structural rectangular stack of the west wing, the cylindrical column of the east wing, the comb design under the atrium and the cruciform pillar of the oratory. Le Corbusier was clearly greatly attached to such a tableau of diversification for he refused to simplify this part of the scheme during the wrangles over the budget.

The area under the pilotis does not resemble the covered hall-like space in Marseilles with its gridded repetitive pattern of stacks; instead, it is a garden overlooking the surrounding landscape. The dips and turns of the ground play capriciously with the whimsical shapes of the columns, so that the arbitrary forms of nature seem to be conversing with the "totem poles" supporting the edifice.[35]

The Roof Terrace: A Garden of Meditation

"By constructing on pilotis, one can free almost the entire area usually covered by the building; this area is then doubled again by including a roof terrace".[36]

There are always two gardens in Le Corbusier's architecture – an open one below and an enclosed one above. In addition, he often used the roof terrace for experimenting with architectural "follies", as was the case even as

Pilotis: le jardin ouvert

La question du pilotis avait reçu des réponses nombreuses allant des fins piliers cylindriques de la villa Savoye aux voiles massifs en V à Marseille. Avec La Tourette, ce thème voit un traitement renouvelé, chaque pilier porteur étant considéré comme un événement indépendant. Chacun prend une forme propre, voile rectangulaire porteur de l'aile ouest, pilier cylindrique de l'aile est, «peigne» sous l'atrium, pilier cruciforme de l'oratoire. Le Corbusier tenait fortement à cette diversification puisqu'il refusa de simplifier ce projet lors de l'arbitrage budgétaire.

La promenade des pilotis n'est plus la halle couverte de Marseille dont l'espace est tramé par une série de piles répétitives mais un jardin ouvert sur un paysage. Les caprices des mouvements naturels du terrain jouent avec les formes arbitraires des piliers. Le hasard des formes naturelles semble répondre à celui, culturel, des «totems» qui portent l'édifice[35].

Le toit terrasse: jardin de méditation

«Si, en construisant sur pilotis, on récupère en jardin la presque totalité du terrain couvert par la construction, on double de plus cette superficie de jardin en faisant le toit terrasse»[36].

Il y a deux jardins dans l'architecture de Le Corbusier, celui du bas, ouvert et celui du haut, fermé.

Le toit-terrasse a souvent été le lieu de «folies» architecturales. Dans l'appartement de M. de Beistegui (1930) la cheminée surréaliste de la terrasse marquait déjà ce goût pour l'irrévérence. À la ri-

early as 1930, in the apartment commissioned by Monsieur de Beistegui which features a surrealist fireplace on the roof garden. Throughout his career, Le Corbusier contrasted stern geometry with playful counteraction of free forms. The rooftop of the Unité in Marseilles is a case in point, offering as it does a dramatic spectacle of conic fireplaces and parabolic arches blended with tautly even prisms.

The roof terrace is also intended as a place for meditating. Le Corbusier preferred to channel views, for he felt that one's mind can become engulfed if there is too wide a vista. His solution for the Villa Savoye was to construct a frame. In La Tourette, although the idea of a cloister had been dropped some time previously, he remained inflexible over the (costly) concept of having a high parapet wall reaching 1.83 meters. This anti-garden had to be a place where the friars could lock themselves into deep contemplative thought, shrouded in a mystical aura emanating from the strange abstract shapes around them. This "disturbing sense of strangeness" has always been deliberately sought after in some garden designs. For instance, in the Renaissance the grotesque elements were placed at the centre of the scheme in rather an esoteric gesture; and then of course there is the promenade space along cathedral roofs, where gargoyles gleefully awaken the dormant conscience of sinners.

The Ramp

A ramp rather than a staircase. In Corbusian vocabulary, the monumental function of the staircase is translated by a ramp. It serves as a vital tool

gueur géométrique qui initie ses projets, Le Corbusier a régulièrement opposé le contrepoint ironique de formes libres. Le toit de Marseille offre ainsi un bestiaire étonnant et vivifiant de cheminées coniques et de voûtes paraboliques mêlées à des prismes sévères et réguliers.

Le toit terrasse est également traité comme un jardin propre à la méditation. Le Corbusier préfère fermer, ou tout au moins restreindre les perspectives trop vastes où, selon lui, l'esprit se perd. À la villa Savoye, il avait construit un cadre. À La Tourette, alors que le principe du cloître avait été depuis longtemps abandonné, il reste intransigeant sur la hauteur (onéreuse) de l'acrotère fixée à 1,83 mètre. Les frères doivent jouir de cet anti-jardin comme d'un lieu de pure méditation. L'étrange abstraction des formes qui s'y rencontrent ne devant que renforcer la recherche mystique. Ce caractère «d'inquiétante étrangeté» fut recherché dans la composition de certains jardins. Ainsi, la Renaissance avaient-elle placé les «grotesques» au centre de leur composition en y associant une connotation ésotérique. Dans le même registre, on ne peut éviter l'évocation de la promenade le long des toits des cathédrales où les gargouilles viennent éveiller la conscience endormie des pêcheurs.

La rampe

La rampe plutôt que l'escalier. La fonction monumentale de l'escalier à la française est tenue, dans le vocabulaire corbuséen, par la rampe. Elle donne au thème de la «promenade architecturale» l'un de ses outils les plus déterminants en proposant une lecture cinétique de l'ensemble architectural offert au regard en mouvement. À l'intérieur, dans la villa La Roche, en terrasse à la villa Savoye,

Ramp theme (FLC 1212)

Esquisse autour du thème de la rampe
(FLC 1212)

within the "promenade architecturale" for generating kinetic views of the architectural ensemble. As illustrated in Le Corbusier's sketches, it sews the two "gardens" together[37] and can run inside, such as in the Villa Roche, or outside, as in the Villa Savoye. It can likewise be seen weaving through the Carpenter Visual Arts Center, as well as in Chandigarh, where it takes on a more urban scale. It links the ground with the roof terrace by snaking through the whole building. Le Corbusier's second sketch of La Tourette appears to be entirely focused on the notion of a monumental ramp, while in Xenakis' drawings,[38] an enormous rectilinear ramp is coiled around the chapel and the main body of the church, as in the plans for the ventilation tower in Chandigarh. It is said that Le Corbusier had visions of monks filing along the ramp, chanting psalms right up to the cloister in a spectacular staging of liturgical life. However he had to forgo this grandiose concept and all that can be seen of it today is the slope of the main conduit, reminding us of the motif that fascinated Le Corbusier for so many years.

Materials and Their Application

Concrete

"I have used 'béton brut'. The result: total fidelity to the model, a perfect reproduction of the mould. Concrete is a material that does not cheat; it replaces, it cuts out the need for that trickster – coating. 'Béton brut' says: I am concrete".[39]

The name of Le Corbusier is inextricably associated with concrete – one of his favourite building materials. This partiality for a material that is em-

traversant le Carpenter Visual Arts Center, elle prendra une échelle urbaine à Chandigarh. Comme le montre les croquis de Le Corbusier, la rampe est l'organe de liaison entre les deux «jardins»[37]. Elle relie le sol au toit terrasse en traversant tout l'édifice. Le second dessin semble être entièrement tourné sur cette question d'une rampe monumentale. Avec les dessins de I. Xenakis[38], la rampe rectiligne mais démesurée s'est lovée autour du corps de l'église comme de la chapelle, tout comme dans les projets pour la tour d'aération de Chandigarh. On raconte que Le Corbusier imaginait les moines en une longue procession psalmodiant les chants jusqu'au cloître. La rampe permettait une mise en scène grandiose de la vie liturgique. Mais il fallut renoncer à ce grand projet et il ne reste plus aujourd'hui que la pente du grand conduit pour rappeler ce thème qui mobilisa longtemps l'attention de Le Corbusier.

Matière et mise en œuvre

Matière: le béton

«J'ai employé du béton brut. Résultat: une fidélité totale, une exactitude parfaite au moulage. Le béton est un matériau qui ne triche pas; il remplace, il supprime l'enduit qui trahit; le béton brut dit: je suis le béton.»[39]

Le nom de Le Corbusier est associé au béton qui fut l'un de ses matériaux d'expression privilégiés. Cette prédilection pour un matériau emblématique de la modernité mais également synonyme d'une urbanisation cristallisant les désillusions d'une époque, a inévitablement donné lieu à des jugements hâtifs et par là même à des interprétations erronées. Il est de fait nécessaire de resituer le choix du béton[40] dans la démarche glo-

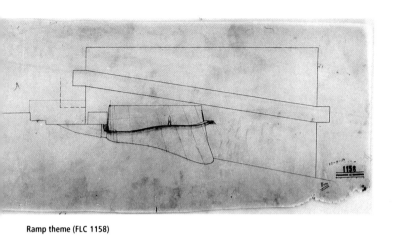

Ramp theme (FLC 1158)

Développement autour du thème de la
rampe (FLC 1158)

blematic of modernity but which is also synonymous with an urban form epitomizing all the disillusions of an epoch has obviously given rise to hasty judgements, and even misinterpretations at times. It would therefore be useful at this juncture to put Le Corbusier's general use of concrete[40] back in context. His polymorphous architectural palette included not only concrete, but also steel, adobe, rubble stone, canvas and logs. His decision to choose one material rather than another often stemmed from choices that were not dogmatic but expedient. An apt example is the "diplomatic wall" of the Loucheur houses that was built in rubble stone in keeping with local tradition. He always took into account the surroundings and the context of the program in a way that was more humanist than ideological.

As a young boy, Charles-Edouard Jeanneret (alias Le Corbusier) learnt about the essential relationship between an architect and his materials from Charles L'Eplattenier, his art professor in Chaux-de-Fonds.[41] The approach taught by L'Eplattenier was a crossbreed of the preoccupations of the time in that it married Art Nouveau's ode to nature with concerns set out by the Arts and Crafts movement, which aimed to bring the crafts more in line with changes taking place in industry.

Jeanneret would take long Alpine walks, drawing real-life scenes that he would then use as decorative motifs for watch boxes and the like. The earliest architectural projects he participated in testify to this anchorage in the local vernacular, such as the Fallet House built in 1905 which is loaded with Jurassic emblems, notably a

bale de Le Corbusier. L'acier, le pisé, le moellon de pierre, la toile, le rondin de bois tout comme le béton forment la palette polymorphe à laquelle il aura recours au long de sa carrière. L'emploi de l'un ou de l'autre renvoie souvent à des choix plus opportunistes que dogmatiques, comme le rappelle le «mur diplomatique» des villas Loucheur édifiées en moellons pour satisfaire aux traditions locales. La décision relève toujours d'une négociation avec le lieu et le moment dans une perspective plus humaniste qu'idéologique.

La conception que se forge le jeune Jeanneret du rapport que doivent entretenir l'architecte et le matériau se construit avec les leçons de son maître à l'école d'Art de la Chaux-de-Fonds, Charles L'Eplattenier[41]. Cet enseignement se trouve au carrefour des préoccupations de l'époque, mariant le culte de la nature de l'Art Nouveau avec les soucis du mouvement de «l'Art and Crafts» de s'adapter aux mutations qui s'opèrent avec la révolution de l'industrie dans le cadre des métiers.

Les promenades alpestres étaient les occasions de dessiner sur le vif des formes qui deviendront autant de motifs décoratifs pour agrémenter les boîtiers de montres ou tout autre objet. Les premières œuvres architecturales auxquelles il participe témoigne de cet enracinement premier dans la culture vernaculaire. La villa Fallet de 1905 évoque le génie jurassien et pour elle il n'hésite pas à travailler sur le motif de la pomme de pin en réutilisant une technique ancienne de fresque.[42] Cette attitude première ne fléchira pas, comme en témoignent de nombreux projets où le contexte économique rendait pertinent l'emploi de matériaux locaux. C'est le cas avec la villa de

pinecone motif etched using an old fresco technique.[42] Le Corbusier would remain true to his early design philosophy, as is evidenced by a large number of schemes in which he employed local materials if he thought they were relevant to the context. Such is the case with the Villa de Mandrot built in 1930 "of handsome Provençal stone". Le Corbusier went even further with the project for the Errazuriz house, constructed around the same time but in Chile, for which he used two materials – rubble stone and thick logs – since he considered these best reflected the country's history and economy. His client was rather taken aback though, as he had commissioned a house of "modern" style and so expected to see building materials that symbolized modernity. During the war, lack of steel and cement prompted Le Corbusier to adopt this same strategy of matching materials with the economic backdrop. For example, the "Murondin" buildings[43] were designed to respond to a chronic housing shortage by combining walls made of adobe (the forerunner of concrete) with a structural frame of rough-hewn logs.

Clearly then, Le Corbusier's choice of materials was dictated by the context. It was an approach that offered a large degree of conceptual freedom while opening avenues to new building practices. This can be seen in the spray-gun technique used for applying concrete in Pessac, and which was deployed again in La Tourette. Equally, the "bulgomme" technique, which Le Corbusier had experimented with in the 1930s, was used for the flooring in the three wings of living quarters. It should be noted, however, that these choices were not so much precon-

Mandrot de 1930 construite «dans cette belle pierre de Provence». Le Corbusier va encore plus loin avec le projet de la maison Errazuriz, de la même époque, au Chili, pour lequel il propose une architecture basée sur les deux matériaux qui lui semblent correspondre à l'économie du pays: moellons et troncs de bois. Il doit dissiper à cette occasion un malentendu survenu avec son client qui, ayant commandé une maison de style «moderne», s'attendait à voir mettre en œuvre un matériau symbolique de la modernité. Face à la pénurie d'acier et de ciment de la guerre, Le Corbusier retrouvera cette même volonté d'associer le choix du matériau au contexte historique et géographique. «Les Constructions Murondins»[43] sont destinées à répondre au besoin d'habitats d'urgence et proposent ainsi d'associer la construction de murs en pisé (ancêtre du béton) à une charpente de troncs non équarris.

Le choix des matériaux est donc dicté par le contexte. Cet état d'esprit lui offrira une grande liberté d'adaptation en même temps qu'il le laissera toujours curieux de découvrir de nouveaux procédés. La technique du béton projeté, utilisée à Pessac, fait partie de ces découvertes et se retrouve à La Tourette où elle revêt les cloisons de parpaings de leur enduit. Le «bulgomme», pareillement expérimenté dans les années 30, couvrira le sol des trois ailes d'habitation. Loin d'être préconçus, les choix de Le Corbusier correspondent bien plutôt à une attitude pragmatique.

De ce point de vue, on comprend que le ciment, que la France a privilégié dans le secteur du bâtiment, vienne prendre une place prépondérante dans son travail. La difficulté pour les architectes de cette

ceived solutions as pragmatic responses to the situation at hand.

In view of the above, it is easy to see how cement – heavily promoted by the French building industry – played a dominating role in Le Corbusier's work. The challenge facing architects of the time was for them to put this material to sculptural work rather than perceiving it merely as a prescribed construction component. In other words, it was all a matter of transposing an established building practice into the realm of architecture. This is precisely what Le Corbusier did, in a simple founding gesture that earned him a place in history.

Another aspect of Ch. Ed. Jeanneret's formative years contributed to his choice of materials, namely an interest in the Deutscher Werkbund group which hit the artistic and industrial scenes in la Chaux-de-Fonds. L'Eplattenier was eager to find out about the latest trends being set by the masters of the Werkbund, and so in 1910 sent his pupil on a quest to Germany. Jeanneret wrote a report during this trip entitled "Étude sur le mouvement d'art décoratif en Allemagne" [a study on the German applied arts][44] in which he noted the irreversible changes that were taking place, yet at the same time distanced himself (for the time being) from the "production-site" element of Germany. He also visited the second exhibition of cement industries in Berlin, which was much referred to in the Werkbund annual congress.[45] New materials and techniques were being spawned every day, and it was clear that these would be shaping the architectural landscape of the future. From then on, industrial machinery – an established tool governing European civilization – allied with

période consista à en prendre acte non comme fait constructif, ce qui s'imposait, mais comme fait plastique. La grande force de Le Corbusier fut de transmuer une culture constructive existante en une culture architecturale jusque-là réticente et son nom restera attaché à cet acte fondateur.

L'autre versant de la formation de Ch. Ed. Jeanneret préparait à ce geste. L'intérêt pour les mouvements qui agitaient artistes et industriels autour du Werkbund avait atteint la Chaux-de-Fonds. Aussi L'Eplattenier, désireux d'être informé des dernière orientations prises par les maîtres du Werkbund, missionna-t-il son élève pour enquêter en Allemagne. De son voyage de 1910, Jeanneret ramènera un rapport, «Étude sur le Mouvement d'Art Décoratif en Allemagne»[44], qui tout en restant encore distant de la machine allemande sera obligé de faire le constat d'un monde en mutation irréversible. Il visite à cette occasion la deuxième Exposition des industries du ciment à Berlin qui servait également de support à l'assemblée annuelle du Deutscher Werkbund[45]. Matériaux et procédés nouveaux font désormais partie de l'environnement quotidien et c'est avec eux qu'il faudra composer le paysage de l'architecture à venir. Dès lors, ce contexte de la machine industrielle reconnu comme mode dominant de la civilisation européenne, le métal ou le ciment devenaient les matériaux naturels de la nouvelle architecture au même titre que le bois et l'adobe pour le Chili de cette période. Chaque matériau est perçu comme le témoin et la mémoire d'un lieu et d'un temps, au demeurant réversibles, pour peu que la guerre ou tout autre cataclysme viennent en inverser le cours civilisateur. L'architecte dont les «yeux savent

metal and cement became the natural materials of new architecture, just as wood and adobe were for Chile. Each material was perceived as being the memory of a site and of a period – however reversible this memory might be – should war or any other cataclysm inflect the course of civilization. The duty of architects, whose "eyes can see" is to highlight this relationship between space and time through the materials they choose and the shapes they accord them. The choice had been made. All that was needed was a shape.

This period in Le Corbusier's life was one of inner doubt and conflict. A stint in the Perret brothers' practice in Paris had opened his eyes to the various uses of concrete, but apparently had not taught him the architectural lesson he was hoping for. He was to find the answers he was seeking elsewhere, and it was these that would define his vision of modernity. The Parthenon, for instance, which he visited on his "Journey to the East" had a profound impact on him, as did his experience as a painter: on the Acropolis he was taught a valuable lesson in "establishing standards to achieve perfection", while his encounters with Cubism enabled him to extricate himself from naturalism. It took this dual act of breaking away from the technical framework for Le Corbusier to find the right shape and place for his materials.

Beyond Rationalism: "Hieratism"

"Hieratism, which is the hour of full-knowledge, of mastery over means, the exact hour of choice, of rejection of the superfluous, of concentration, of abnegation, the supreme moment of exaltation, the platform of great art – of the work of art, both immense and

voir» a le devoir de révéler cet espace-temps par le choix de ce matériau et de sa mise en forme. Restait à en découvrir la forme…

À cette époque correspond pour Le Corbusier une période de doute où les contradictions l'emportent. Le passage à Paris dans l'atelier des Frères Perret où il s'initie pourtant aux possibilités offertes par le béton ne semble pas lui avoir apporté la leçon architecturale espérée. Les réponses qui définiront sa modernité, il les découvrira ailleurs et paradoxalement en contemplant le Parthénon lors de son «voyage d'Orient» et parallèlement en entreprenant une carrière de peintre. Le Parthénon lui offre la vision initiatrice d'un «standard culturel» tandis que le Cubisme lui permet de formuler une esthétique émancipée du naturalisme auquel il était encore attaché. Il aura fallu cette double échappée du cadre technique pour que le matériau trouve enfin avec sa forme sa place.

Au-delà du rationalisme: «Hiératisme»

«L'hiératisme … est l'heure de pleine connaissance, de propriété de tous les moyens, qui est précisément l'heure du choix, l'heure d'abandon du superflu, l'heure d'abnégation, moment élevé par excellence, plate-forme du grand art, de l'œuvre d'art, immense et simple, dépouillée mais bourrée de richesses intérieures…»[46]

Le matériau doit exprimer le caractère de l'architecture. La manière de le travailler devra révéler cet esprit enfoui dans la matière. Pour arriver à cette fin, l'hypothèse moderne de Le Corbusier propose un retour aux valeurs premières. Contre les styles et les académies, la recherche engage une quête spirituelle

simple, stripped down but crammed with inner richness". [46]

Construction materials should express the character of a building. That is, the way in which the material is worked should reveal the concept behind it. Le Corbusier's modernizing method of achieving such a goal was to wipe the slate clean, returning to the beginnings in a spiritual quest for asceticism that bore no trace of academic precepts. In "L'Art décoratif d'aujourd'hui" he sets out the program for this new doctrine which is geared to purging aesthetic thought. Whitewash is advocated as a basis for decorative language, stripped of all sophistication; in a way it can be perceived as a variation on Mies van der Rohe's theme of "less is more". Materials must be displayed in all their poverty in order for them to appear in all their purity. The less a material is worked, the more expressive it will be. However, this form of primitivism does not rule out a certain element of violence which the term Brutalism sums up very neatly. Le Corbusier's rejection of ornamentation (in his eyes it was a crime to ladle on decorative features), acts as a moral code, a constraint, a prohibition that guides the artist in his pursuit of good and perhaps beautiful architecture. "Bare" concrete is the perfect answer. Its brutal application and the marks that scar its surface are proof of its authenticity. The concrete in La Tourette is pure because it is crude.

Marks, Motifs and Imprints

This search for simplicity and genuineness has to be engraved in the very building itself when working the material. In other words, the scars furrowed into the material by the tool that carves

dont l'ascétisme est le moyen. Dans «L'Art Décoratif d'Aujourd'hui» il dresse le programme de cette morale nouvelle qui doit épurer la pensée esthétique. Contre toute tentation de sophistication est prôné le lait de chaux comme base du langage décoratif: une autre version en quelque sorte du «less is more» de Mies van der Rohe. Le matériau doit être présenté dans sa plus grande pauvreté pour apparaître dans sa plus grande pureté. Moins le matériau sera retravaillé, plus son expression sera forte. Ce primitivisme n'exclut pas une forme de violence que le terme de brutalisme résume assez justement. Le renoncement à l'ornement dont Le Corbusier avait affirmé qu'il était un crime, est posé comme une règle morale, une contrainte, un interdit qui doit guider l'artiste dans sa quête du bien et peut-être du beau. Le béton traité «brut de décoffrage» répond exactement à cette attente. La brutalité de sa mise en œuvre avec les traces qui en scarifient la surface sont les gages de son authenticité. Le béton de La Tourette est pur parce qu'il est rude.

Trace, motif, empreinte

La technique convoquée pour travailler le matériau doit signer dans l'œuvre même cette recherche de simplicité et d'authenticité. La trace laissée sur le matériau par l'outil qui le façonne doit prolonger cette volonté d'épuration alors même que la culture technique engagée signe la rupture avec l'ordre naturel. La brutalité incisive de l'outil devra en quelque sorte faire écho à la brutalité de la matière.

La banche de coffrage constitue le premier de ces outils. L'Atelier de la rue de Sèvres a donné de nombreuses prescriptions concernant les plans de coffrage. La banche de 1,40 m de haut «standar-

Marks left by prestressing components

Marques des ancrages des éléments de
précontrainte

it must reflect the striving for purity even though the technical method being employed signals a break with natural order. The incisive brutality of the tool should in some way mirror the brutal aspect of the material.

Formwork was one such tool used in La Tourette. The Atelier in Rue de Sèvres set out numerous specifications regarding the formwork plans. These show 1.4m-high "standardized" shuttering which was duplicated repeatedly, thus creating a sort of motif[48] that yielded a pattern and texture, notably for the church. The harsh edges of the horizontal boards and the joins of the shuttering are reinforced by the as-struck effect of the building's fabric.

The prestressing technique also stigmatized the construction material. For example, although the cables are hidden from view, the way they are anchored to the facade creates "triglyphs" protruding both from the top of the wall that hugs the side chapel as well as from the spandrels in the main parts of the building.

The actual building work itself likewise left its mark, but differently – through accidents, mistakes and bad workmanship. For instance, the casing of the south staircase window was not strong enough and gave way, leaving a trapezium imprint when the formwork was removed. The contracting firm immediately offered to put it right, but Le Corbusier allegedly retorted that on the contrary, on that very spot they should inscribe: "here has passed the hand of man". This same notion of a hand engraved in the material can be found in Chandigarh. It incarnates the humane element that went into making the city and reads as the negative of the famous

disée» va par sa répétition déterminer une sorte de «motif»[47] qui donne à l'église en particulier une trame et une texture. Les aspérités des planches horizontales et les raccords de banche renforcent cette technique du «brut de décoffrage» qui tisse la peau de l'édifice.

La technique de précontrainte représente une seconde occurrence de stigmatisation de la matière. Si les câbles sont invisibles, leur ancrage en façade marque de ses «triglyphes» l'acrotère des chapelles ou les allèges des corps de bâtiment.

Le chantier également laisse des traces, mais sur un autre mode, celui des accidents, des erreurs et des malfaçons. Ainsi le coffrage de la fenêtre de l'escalier sud insuffisamment renforcé céda et laissa apparaître un trapèze imprévu lors du décoffrage. L'entreprise proposa immédiatement de corriger le défaut, mais Le Corbusier aurait rétorqué que tout au contraire il fallait inscrire à cet emplacement: «Par ici la main de l'homme est passée». On retrouve cette main gravée dans la matière à Chandigarh. Figure en négatif de la célèbre Main Ouverte qui clôt la perspective du Capitole, elle symbolise la générosité qui préside à l'organisation de la cité comme à la production des œuvres. Cette main dessinée et sculptée parcourt toute l'œuvre de Le Corbusier, reformulant à chaque fois cette prière: «Pleine main j'ai reçu, pleine main je donne».

Machine et rationalité: l'ingénieur

La machine, douée d'une rationalité sans faille, est regardée comme un guide spirituel. Sévère, exigeante, elle ne pardonne pas les excès et épure la démarche. Le Corbusier donnait l'évolution de l'avion de combat de la guerre de 1914

Trapezoid opening due to bad workmanship

Malfaçon donnant lieu à une ouverture
trapezoïdale

"The open hand" engraved into the concrete
in Chandigarh

«Main ouverte» gravée dans le béton de
Chandigarh

Open Hand that closes off the sightline towards the Capitol. Whether drawn or sculpted, the hand is a symbol that appears in all of Le Corbusier's work, with the same prayer being uttered each time but in diverse ways: "Freely have I received. Freely have I given".

The Machine and Rationality: The Engineer

Le Corbusier regarded the machine as a spiritual guide. It is faultlessly rational and thus pitiless, for it allows no excess and purges the design process. Le Corbusier used to cite the example of aircraft in the First World War, saying how the development of this machine as a weapon had given rise to a sort of selection method, and he regretted that architecture had not been subjected to a similar type of precision. Inflicting violence on oneself forms part of the initiation rite, he said, and hence the lesson of industry, complete with its machines, resides in the "spiritual exercises" it dictates. Le Corbusier's written works (especially the early ones) are loaded with such zeal for restraint and control, which is not incomparable to the rigour of religious discipline. Within this framework, the engineer plays the role of spiritual mentor, which explains why Le Corbusier was always seeking new ways in which they could work together. ASCORAL (a research affiliate of CIAM founded by Le Corbusier in 1943) reflected this preoccupation with the engineering trade, for in a famous diagram, the architect and engineer are placed side by side, mirroring and complementing one another. And, of course, there was AT. BAT., which likewise fostered co-operation with engineers.[47]

This faith-like trust in the purifying approach of the engineer is explicit in the

comme exemple de sélection, regrettant que l'architecture ne soit pas soumise à cette rigueur définitive. Se faire violence fait partie de la démarche initiatique. La leçon de l'industrie et de ses machines réside dans les «exercices spirituels» qu'elle dicte. L'œuvre écrite de Le Corbusier, celle de la première période plus particulièrement, est marquée par cette volonté de maîtrise qui n'est pas sans rappeler la rigueur de la discipline religieuse. Dans ce dispositif, l'ingénieur fait figure de guide spirituel et il est de fait que, tout au long de sa carrière, Le Corbusier multipliera les modes d'association susceptibles de favoriser leur collaboration.

L'ASCORAL (Association des Constructeurs pour la Rénovation Architecturale) qu'il avait fondée en 1943 plaçait, dans un schéma célèbre, l'architecte et l'ingénieur en position de symétrie et de complémentarité. La période de La Tourette correspond à la fin de cet autre organe de collaboration avec l'ingénieur qu'était l'AT.BAT. (Atelier de bâtisseurs) dirigé par Vladimir Bodiansky et dont Iannis Xenakis est un transfuge.

Cette confiance, cette foi dans la démarche purificatrice de l'ingénieur sont manifestes dans le projet de La Tourette. Ainsi, lorsque les «ingénieurs» de Sud-Est Travaux lui proposent de prendre en charge le projet en utilisant leur technologie issue des travaux publics, Le Corbusier donne-t-il un accord immédiat, prévoyant sans doute la possibilité que s'exprime une nouvelle forme de rationalité. Plus encore, la confiance accordée au jeune ingénieur de son agence, Iannis Xenakis[48], en lui déléguant le projet de La Tourette, est-elle révélatrice. La réponse de Le Corbusier à la demande de Iannis Xenakis est significative: «… j'ai un projet qui vous convient très bien,

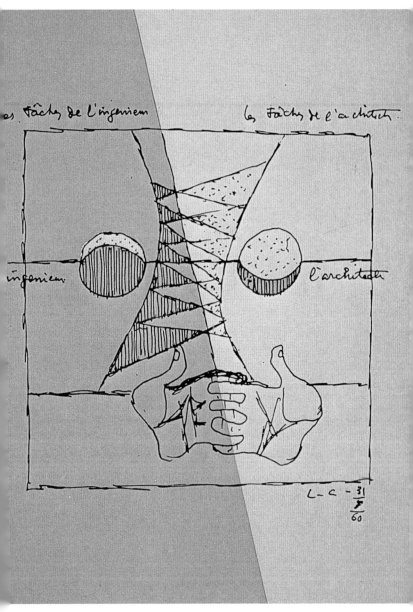

Diagram displaying the association between
architects and engineers

Schéma symbolisant l'association entre
architectes et ingénieurs

La Tourette project, as is demonstrated by two situations. First, when the engineers of Sud-Est Travaux put themselves forward for the job, promoting their civil engineering background, Le Corbusier took them up on their offer straightaway, plainly foreseeing how this would inject a new type of rationalism into the scheme. And second, the fact that he put Xenakis in charge of La Tourette, even though he was only a young engineer at the time,[49] shows just how much trust he placed in him and in his profession. "I have a project that will suit you perfectly; it is pure geometry",[50] Le Corbusier said in response to Xenakis' request to work with him personally. Indeed, the entire architectural design of the monastery owes much to the primary role played by the "engineer", as is borne out by the curved wall of the chapel, the undulating glazing and the projecting shapes that emboss the building.

Arbitrary Forms: The Architect

Profiling

Despite the importance Le Corbusier lent to the engineer's input he only saw it as the first step in the process. To endow the architectural work with true meaning there has to be another guide: the architect, or more precisely the "plastician", emblematically portrayed in "Vers une architecture" by Phidias[51] and Michaelangelo.

Somewhat strangely, it is the profiling of the building that represents the moment of truth. Le Corbusier's decision to create profiles and mouldings might seem paradoxical coming from someone who lambasted ornamentation, but as he himself elucidates: "Contours are the touchstone of the archi-

un projet géométrique.»[49] L'architecture du couvent doit beaucoup à cette confiance placée en la figure de «l'ingénieur». Rappelons que le mur courbe de la chapelle ou les pans de verre aléatoires, pour ne prendre que les traits les plus saillants du projet, sont directement issus de cette décision première.

Arbitraire: l'architecte

Modénature

Pour Le Corbusier, la démarche de l'ingénieur n'introduit cependant qu'à un premier stade de maîtrise de l'architecture. Pour saisir pleinement la teneur du geste architectural, il faut choisir ensuite un autre guide: l'architecte et plus encore le «plasticien» dont «Vers une Architecture» faisait de Michel-Ange et Phidias[50] les figures emblématiques.

Assez étrangement, c'est le tracé de la «modénature» qui est présenté comme le moment de vérité distinguant l'architecte du «simple ingénieur». Ce choix de la modénature, la moulure, peut paraître paradoxal sous la plume de celui qui pourfendait l'ornementation, mais il s'en explique: «La modénature est la pierre de touche de l'architecture: avec la modénature, il (l'architecte) est mis au pied du mur: être plasticien ou ne pas l'être.»[51] La modénature est cette forme à la fois rigoureuse et libre qui engage le libre-arbitre du concepteur; «Alors est venu ce moment où il fallait graver les traits du visage.... La modénature est intervenue. Et la modénature est libre de toute contrainte; elle est une invention totale...» La modénature est le moment de l'arbitraire dans le tracé du projet: «Il s'agit de l'invention pure, personnelle au point qu'elle est celle d'un homme; Phidias a fait le Parthénon... La passion, la générosité, la grandeur d'âme, autant de

tect; in dealing with them he is forced to decided whether he will be a plastic artist or not".[52] Profiling yields a form that is both rigorous and free, disclosing the maker's self-expression. "Then comes the moment when he must carve the lineaments of the outward aspect [...] Profile and contour have entered in, and they are free of all constraint; they are a pure invention". Profiling adds a whimsical flavour to the scheme: "It is a question of pure invention, so personal that it may be called that of one man; Phidias made the Parthenon [...] Passion, generosity and magnanimity are so many virtues written into the geometry of the handling of the contour".

As in the design of the astragal in the Parthenon, the shapes and combinations of La Tourette exemplify how strict forms can be moulded by the whim of the architect. The whole art of architecture lies in mastering the impact of these arbitrary features by creating vehicles of expression to transcend them.

Sketching the Outline

"With a charcoal crayon we have marked out the right angle, the symbol; it is the answer and the guide, the fact, a response and a choice. It is simple and bare (...) But our awareness of it makes it a symbol".[53]

During a visit to the monastery in 1960, Le Corbusier talked openly with the monks about the history of the project. Through this account, which was fortunately recorded, we can see how he tackled the design process. The first step he mentions is when he initially sketched the site: "I came here and got out my sketchbook, as usual. I

vertus qui sont inscrites dans les géométries de la modénature...»

Le dessin de l'astragale du Parthénon comme celui des volumes du couvent de La Tourette posent le problème, placé par Le Corbusier au centre de la démarche architecturale, de l'arbitraire qui préside au tracé de la forme. La maîtrise de l'art résiderait bien dans la capacité à assumer cet arbitraire en créant les procédures d'énonciation aptes à le transcender.

Le dessin: tracer

«On a avec un charbon tracé l'angle droit, le signe, il est la réponse et le guide, le fait, une réponse, un choix. Il est simple et nu....Mais la conscience en fait un signe.»[52]

Lors d'une visite au couvent en 1960, Le Corbusier s'entretenant librement avec les religieux retraça l'histoire du projet. Ce récit, heureusement enregistré, restitue l'esprit dans lequel Le Corbusier travailla et le jugement qu'il portait sur son œuvre. Le premier temps qui revient à sa mémoire est celui du dessin: «J'étais venu ici. J'ai pris mon carnet de dessin comme d'habitude. J'ai dessiné les horizons, j'ai mis l'orientation du soleil, j'ai reniflé la topographie. J'ai décidé la place où ce serait, car la place n'était pas fixée du tout. En choisissant je commettais l'acte criminel ou valable. Le premier geste à faire, c'est le choix.»[53]

Choisir, dessiner, décider. Le premier sentiment émergeant de la mémoire est donc celui de la tension, de l'angoisse devant les choix à effectuer. Les mots sont forts: «acte criminel ou valable». La réalité psychologique dans laquelle œuvra Le Corbusier fut donc cette difficulté morale à produire des choix. Il faut pren-

drew the horizons, I noted the course of the sun and I got a feel for the lie of the land. I picked out the site, for this had not yet been done. In so doing I was performing either a criminal or worthy act. The first step is to choose".[54]

Choose, draw and decide. The very first sensation is thus that of tension and anguish in the face of choices that needed to be made. The words are strong: "a criminal or worthy act", offering insight into Le Corbusier's moral dilemma of having to choose. Channelling the ensuing tension was integral to his design process, and drawing he says, was a means for him to confront and deal with this, though not necessarily to resolve it. Decisions can take shape with the help of a sketchpad. For Le Corbusier, the initial ritual drawing was the first step in getting to grips with the challenges of the project, and the first step too in overcoming his doubts and fears. The drawings in the sketchbook are a kind of replay of these moments, showing the quick firm stroke of the horizontal top line, the ramp and the pilotis, mingled with memories of Mt. Athos and the Charthouse of Ema.

Measurements and Proportions

At the time of the commission, Le Corbusier was no longer using the fairly popular practice of regulating lines. Based on the synchronization of lines and angles, these were supposed to unlock the harmonic rules of measurement used in our finest historic buildings. It was a line of reasoning that bordered on esotericism, and one which Le Corbusier greatly favoured, as is corroborated by the importance he placed on drawing the plan: "A

dre la mesure de ce que, pour lui, le quotidien du projet consistait à gérer cette tension. Sa méthode s'organisait ainsi autour de ce fait et il cite immédiatement le dessin comme le moyen de se confronter et de dépasser, à défaut de le résoudre, ce conflit d'ordre moral. Par la médiation du trait une décision peut prendre corps. La manipulation du crayon, le rituel du carnet forment le premier niveau d'une appropriation des enjeux du projet, le premier dépassement de l'angoisse. Les dessins du carnet restituent ces moments où la graphie inscrit dans le paysage la certitude de l'horizontale, de la rampe, des pilotis en même temps que les souvenirs du mont Athos et de la Chartreuse d'Ema.

Le nombre: mesurer

À l'époque du couvent, Le Corbusier n'a plus recours à une pratique qui eut un succès certain auprès des architectes: les tracés régulateurs. Basés sur la concordance de lignes et d'angles, ces tracés étaient censés révéler les règles d'harmonie qui avaient permis le tracé des plus beaux monuments. Le Corbusier fut très réceptif à ce type de raisonnement à la limite de l'ésotérisme et la fonction qu'il assigne à ces systèmes de tracé est révélatrice du rôle qu'il attribue au dessin: «Un tracé régulateur est une assurance contre l'arbitraire: c'est l'opération de vérification qui approuve tout travail, créé dans l'ardeur, la preuve par neuf de l'écolier, le CQFD du mathématicien.»[54]

S'il abandonne les tracés régulateurs, c'est pour leur substituer une pratique voisine basée cette fois sur le nombre. Les espaces de La Tourette ne sont pas entrelacés de lignes comme l'était la villa Stein de 1927, mais criblés de chiffres. Le Corbusier était fasciné par les lois des séries numériques découvertes

regulating line is an assurance against capriciousness: it is a means of verification which can ratify all work created in a fervour, the schoolboy's rule of nine, the Q.E.D. of the mathematician".[55]

He may have discarded regulating lines, but it was only to substitute them for a kindred practice based on numbers. The spaces in La Tourette are not intertwined with lines, as in the Villa Stein built in 1927, but instead bristle with figures. Le Corbusier was fascinated by the laws of numeric series he had come across in Matila C. Ghyka's works, and he was by no means the only one. The reason for their success hinges on their lack of intrinsic meaning proper to any mathematical law, for the void that exists in the rules of numerical correlation needs to be filled by interpretation, by supplemental meaning. Moreover, the laws governing these series contain one essential characteristic that ensnares amateurs: their rules are simple. By dipping into their magic, a novice can easily uncover the hidden truth, finding the answers to his questions and the cure for his fears. This territory had already been thoroughly explored in the Renaissance – a time that was bathed in esotericism – as Le Corbusier himself stated during an exhibition on architectural treaties in Venice. It was just that the Moderns did not put it to the same use; whereas the Humanists invested their numbers in Gods, Le Corbusier invested his in mankind.

Measuring each object, deciding on the height of a building or proportioning the size of an opening all forms part of the architect's daily work. Indeed, the beauty of the building de-

dans les publications de Matila C. Ghyka et n'était pas le seul. Leur succès tient à l'absence de signification intrinsèque propre à toute loi mathématique. Les règles d'association ou de correspondance numérique appellent par ce vide une interprétation, un supplément de sens. De plus, les lois régissant les séries numériques, possèdent une caractéristique les destinant plus particulièrement à l'engouement des amateurs: la simplicité de leurs règles. Le néophyte peut aisément découvrir dans cette magie des concordances numériques la révélation d'une vérité cachée, la réponse à une attente, à une angoisse. La Renaissance, férue d'ésotérisme, avait déjà abondamment exploré ce terrain comme le constate d'ailleurs le Corbusier lors d'une exposition de traités d'architecture à Venise. Les Modernes n'en feront pas le même usage: là où l'humaniste surinvestit le nombre de la présence des dieux, Le Corbusier placera l'Homme.

Donner la mesure aux choses, décider de la hauteur d'un bâtiment, dimensionner la taille d'une ouverture constituent le travail quotidien de l'architecte. De la corrélation de ces mesures dépend une partie de la beauté de l'œuvre. Depuis l'origine, les architectes ont tenté de comprendre sur quelles règles reposait l'harmonie de certains lieux. Chaque culture a voulu s'accaparer cette magie des formes, avec le secret espoir de mettre à jour la «divine proportion» qui garantirait la beauté.

Le nombre d'or fait ainsi rêver Le Corbusier, qui construit autour de lui un vaste système de correspondances entre règles arithmétiques et géométriques et proportions du corps humain. Le Modulor qui résulte de cette combinatoire repose sur la création d'une série numérique ayant pour facteur le nombre d'or et

pends to a large degree on correlating these measures. Architects have always tried to understand what rules underpin the harmony of certain sites. Every culture in the world has attempted to capture the essence of these forms, secretly hoping to unveil the "divine proportion" that guarantees beauty. Thus it was that the golden section nourished Le Corbusier's dreams, enticing him to build up an extensive correlative system between arithmetic and geometric rules and the proportions of the human body. The result of these combinations was the Modulor – the creation of a numerical series whose initial measurement equals the size of a man standing with his arm raised, which is then subdivided according to the golden section. Le Corbusier therefore generated a hybrid by crossbreeding human strength with numeric rationality. Each proportion of the Modulor that was used to work out the measurements of the monastery is loaded with this double connotation. By adopting such a process, Le Corbusier symbolically reintegrated mankind into the rational logic of the building, fusing two different worlds. The embryo of a "human standard" is spawned from this encounter, providing a response to mankind's disenchantment with the machine world that has emerged from the belly of industry. The whole aim underlying the ambiguous creation of the Modulor resided in placing mankind back in the centre again. It is an aim that is fully expressed in the monastery, conforming as it does to Modulor numerology, and as a result somewhat contradicts the religious purpose for which the building was intended. Once again then, Le Corbusier was raising questions of a religious nature, but using a layman's register.

pour mesure initiale la taille d'un homme le bras levé. Le Corbusier génère ainsi un hybride issu du croisement d'une puissance humaine avec la rationalité numérique. Chacune des valeurs du Modulor qui servira à donner mesure au couvent est chargée de cette double connotation. Par cette procédure, Le Corbusier réintègre symboliquement l'homme dans la démarche rationnelle de la construction. À la rencontre de ces deux mondes se fait jour l'esquisse d'un «standard humain» qui répondrait au désenchantement du monde machinique sorti du ventre de l'industrie. Replacer l'homme au centre de la problématique productive constitue le projet de fond qui soutend la création ambiguë du Modulor. Le couvent se trouve par ce biais entièrement travaillé par cette problématique qui ne pouvait trouver dans ses murs qu'un écho renforcé par la démarche religieuse qu'elle était chargée d'abriter. Encore une fois, Le Corbusier formule sur le registre séculier une interrogation au fondement de la démarche religieuse. Au-delà des nombreuses contradictions dont le Modulor est porteur, il faut retenir cette quête d'une humanisation de la mesure dont Le Corbusier redoute qu'elle ne devienne l'instrument froid d'une standardisation sans âme.

Une fois l'homme replacé au cœur du dispositif des choix dimensionnels, il devient plus facile de faire le partage entre «l'acte criminel ou valable». Le Modulor opère en quelque sorte une levée de l'arbitraire ou tout au moins des risques «criminogènes» dont ce dernier est porteur. Deux lieux symboliques vont focaliser ce travail: la cellule des pères et l'autel. La cellule est la monade à la fois fonctionnelle, humaine et, grâce à l'harmonie des espaces, transcendantale[55]. «Un homme, une architecture un drame»: ces mots pourraient définir le

Having placed mankind back at the heart of choices pertaining to proportion, it became easier to strike the right balance between "performing a criminal or worthy act". The Modulor serves as a kind of gauge of the architect's whims, or at least of the "criminal influence" they may have. Two symbolic places were notably put to the test: the altar and the fathers' cells. A cell represents both functional, human unity and, thanks to the harmony that reigns there, divine unity[56].

"Men, architecture and drama": these words might aptly define the program Le Corbusier set himself. Given the role played by the Modulor as a channel of spiritual expression then, one can better understand how it contributed to the genesis of the scheme. In fact, the whole work takes on its full meaning through the Modulor. Granted, not all the solutions may be justified but at least they do not project the absurdity of capricious choice nor do they reflect the nonsense of a module based solely on functional standards.

Above and beyond the many contradictions bred by the Modulor, what is important to remember is that it was meant to be "a harmonic measure to the human scale". In fact Le Corbusier's greatest fear was that it would be coldly used as a soulless standardizing instrument and he never hesitated to rule it out if need be, growing furious if anyone in his atelier tried to champion a badly designed scheme on the grounds that it was "Modulor". As it is, most of the misunderstandings concerning Le Corbusier's doctrines are seated in incomprehension of the transcendental dimension of his writings. However, it is not difficult to see why his celebratory praise of standards might be mis-

programme auquel Le Corbusier veut s'affronter. On comprend un peu mieux alors de quelle manière le Modulor, par la charge spirituelle dont il est le vecteur, constitue une aide au geste de la conception. Le projet prend du sens en se lestant du travail accompli lors de la construction du Modulor. Si les choix ne sont pas justifiés, au moins sont-ils délivrés de l'absurdité d'un choix arbitraire et du non-sens d'un «module» qui n'aurait que le standard fonctionnel comme horizon.

Aussi Le Corbusier s'élève-t-il contre ceux, dans son atelier même, qui pour justifier un projet mal conçu lui rétorque «mais c'est au Modulor». La plupart des malentendus concernant les thèses de Le Corbusier reposent sur l'incompréhension de la dimension transcendantale qui parcourt ses écrits. L'éloge du standard pouvait, il est vrai, porter à confusion, ne laissant apparaître que la seule thèse rationaliste. Ses propres élèves s'y sont trompés.

La cellule est l'habitation des hommes, l'autel sanctifié est le domaine de Dieu. A partir de l'autel se déploient les dalles de granit du sol taillées selon les valeurs du Modulor. Au cours de son dialogue avec les moines, cité plus haut, le discours de Le Corbusier subit un renversement de perspective remarquable: ce n'est plus lui qui, doutant de ses dessins, est énonciateur mais l'architecture de l'église elle-même: «C'est avec les autels que le centre de gravité sera marqué ainsi que la valeur, la hiérarchie des choses. Il y a en musique une clé, un diapason, un accord. C'est l'autel, lieu sacré par excellence qui donne cette note-là, qui doit déclencher le rayonnement de l'œuvre. Cela est préparé par les proportions. La proportion est une chose ineffable. Je suis l'inventeur de l'expres-

read, for after all even his own pupils
made that very mistake.

The monastic cells are a dwelling place
for men, whereas the sanctified altar is
the domain of God. Granite floor slabs
hewn according to Modulor proportions unfurl from the altar. In his discussion with the monks (referred to
above), Le Corbusier's way of speaking
takes rather a remarkable turn; it is no
longer he who is talking, doubtful of
his design, but rather the actual architecture of the church itself: "The altars
mark the centre of gravity, as well as
the value and hierarchy of everything.
In music there are keys, ranges and
chords. An altar is "par excellence"
the hallowed place that sets the tone,
that has to trigger the radiance of the
work. This is made possible by proportions. Proportion is an ineffable thing. I
invented the term 'ineffable space':
places start to radiate and they gener-
ate an 'ineffable space' – a shock".[57]
The ineffable space of the church
validates this approach, making the
design a "worthy act". In a fashion, Le
Corbusier was reliving the same vivid
emotion he had felt on seeing the Parthenon fifty years earlier, and which he
related in practically the same way: "If
we are brought up short by the Parthenon, it is because a chord inside us
is struck when we see it; the axis is
touched". However, the primary characteristic of this notion of ineffable
space is that it cannot express itself.
Struck dumb, it can but shine forth. So
at the end of the day then, the schoolboy's rule of nine resides in the building itself.

The Music of Numbers

The most visible use of the Modulor
can be perceived in the facades since

sion ‹l'espace indicible›: les lieux se mettent à rayonner… Ils déterminent ce que
j'appelle ‹l'espace indicible›, c'est-à-dire
un choc.»[56] L'espace indicible de l'église
vient en quelque sorte valider la démarche, faisant du projet un «acte valable».
Le Corbusier revit d'une certaine manière l'émotion déterminante qui fut la
sienne en découvrant le Parthénon cin-
quante ans auparavant et qu'il relatait
en des termes presque semblables: «Si
l'on s'arrête devant le Parthénon, c'est
qu'à sa vue la corde interne sonne; l'axe
est touché.» Mais cet espace indicible
dont il a créé la notion a pour première
caractéristique de ne pouvoir dire.
Frappé de mutisme, il rayonne. La preuve
par neuf réside finalement dans l'œuvre.

La musique des nombres

L'utilisation la plus visible du Modulor
réside dans la composition des façades
dont il détermine le dimensionnement
des ouvertures. Il s'agit encore une fois
d'associer la production d'un standard à
une valeur humaine qui le transcende.
Le Corbusier avait déjà exposé dans ses
écrits la manière dont le Modulor pouvait aider à calibrer le dessin d'un panneau standard. Les panneaux H et Z
sont l'application de ce modèle. Mais
comme il le souhaitait, cette application
n'est pas stricte. Ainsi les valeurs du
Modulor ne sont-elles retenues que pour
les espacements horizontaux, la tripar-
tition verticale ne les retrouvant pas et
se contentant de découper le panneau
en trois parties égales.

Iannis Xenakis a saisi alors l'esprit du
Modulor et va donner à la pensée de
Le Corbusier un prolongement qui en
éclaire une autre face. En dehors des
heures passées à la rue de Sèvres, il
participe au groupe de travail réuni
autour de Pierre Boulez et réfléchit à

Altar, photographed during a church service

L'autel lors d'un office réligieux

it served to calculate the measurements of the openings. Once again, it was all about combining standards with human values that transcend those standards. In his writings, Le Corbusier had already expounded how the Modulor could help calibrate the design of a standard panel; the H and Z panels are thus an example of how his theory was applied, yet flexibly so, just as he wished. This explains why Modulor proportions were only deployed for the horizontal spacings – they did not work for the vertical tripartitioning, so the panels were merely cut into three equal parts.

Iannis Xenakis grasped the thrust of the Modulor and even uncovered another side of it. When he was not working at Rue de Sèvres, he used to take part in a work group set up by Pierre Boulez in the aim of creating a musical composition based on an elastic value of musical beat, i.e. measurement. There is an interesting anecdote about this discovery of flexible beat: Iannis Xenakis had noted that starting or stopping the sound on his tape recorder resulted in a noise generated by impact. By pressing the button at random intervals, he cobbled together a composition that prefigured the violin glissandi in Metastaseis, his first musical piece dated 1954. Although he had established the principle that the intervals could be varied, he nonetheless had to assign them a sequence. Like Le Corbusier, he had to make a choice, so he decided on the Modulor range, using the numbers to define the spaces that would set the tempo. In sum then, while Iannis Xenakis' architecture contributed to his music, the reverse was also true, perhaps even truer.

une composition qui reposerait sur une valeur élastique du temps musical, soit de la mesure. Une anecdote illustre à ce propos la découverte de cette flexibilité du temps musical. Iannis Xenakis avait ainsi remarqué que le fait de déclencher ou d'arrêter l'enregistrement sur son magnétophone donnait à l'écoute un bruit d'impact. S'amusant à appuyer à intervalles aléatoires sur la touche, il bricola une composition préfigurant les glissendi de violon que l'on retrouvera dans Métastaseis, sa première œuvre composée en 1954. Partant du principe selon lequel les intervalles pouvaient varier, il lui restait à leur affecter malgré tout une valeur. Devant ce choix qui rappelle les doutes de Le Corbusier, il décida d'utiliser la gamme du Modulor. Les nombres prévus pour définir des espaces vont rythmer le temps. Si l'architecture apporte sa contribution à la musique, la réciproque va être encore plus vraie.

Lorsque Le Corbusier lui demanda de travailler sur le principe de potelets en béton supports de vitrages, Iannis Xenakis reprit ce principe d'intervalles irréguliers qu'il affecta à l'espacement entre lesdits potelets. Il baptisa ce procédé «pan de verre ondulatoire». Le Corbusier, pour qui le modèle venait du travail musical de Iannis Xenakis, retint le terme «d'écran de verre musicaux».[57]

Dans un premier projet, Iannis Xenakis fit≈varier les ondulations de manière indépendante sur les trois niveaux de la façade ouest. Puis, selon un procédé de composition musicale, il donna un thème commun aux trois niveaux qu'il situa au premier tiers de la «portée», laissant les variations se développer différemment sur les trois registres. La façade peut ainsi se lire comme une partition musicale pour trois instruments.

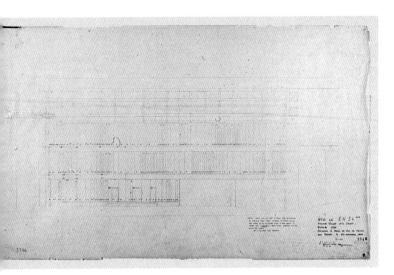

Design of the undulating glazing along the
west facade (FLC 2546)

Composition des ondulatoires de la façade
ouest (FLC 2546)

When Le Corbusier asked him to work up a design for the concrete mullions, Iannis Xenakis put into practice the principle of irregular intervals, applying them to the spacing between the mullions. He called this technique "pan de verre ondulatoire" [undulating glazing], although Le Corbusier, who saw the model as a product of Iannis Xenakis' musical work, opted for the term "musical glazed rhythms".[58]

In Iannis Xenakis' first project, the spacing followed a different tempo in all three storeys of the west wing. He then decided to set a common theme for the three levels which he placed along the first third of the "span", as if composing a piece of music, while freely arranging the rest of the spacing but based on the three initial registers. The facade can hence be interpreted as a score of music for three instruments.

The changes Iannis Xenakis made to his design principle foreground Le Corbusier's own preoccupations with composition methods: rather than simply using the Modulor's pre-selected numbers, Iannis Xenakis went a step further by allowing his variation to branch out randomly. This process would later become famous under the name of Stochastic music in which the sequence based on the golden section is replaced by a law of probability. In admitting that music, like architecture, can be "abandoned" to the laws of hazard, the conventional rules of composition were broken. Although Le Corbusier may not have formulated his own research in these exact terms, the act of incorporating hazard into the architectural process was nonetheless intrinsic to his approach.

Les développements donnés par Iannis Xenakis à son principe mettent en relief les propres préoccupations de Le Corbusier dans sa quête de méthodes de composition. Au lieu d'affecter les nombres préétablis du Modulor, Iannis Xenakis va franchir une étape supplémentaire en laissant cette variation se développer de manière aléatoire. Ce procédé sera rendu célèbre sous le nom de musique stocchastique où la série numérique basée sur le nombre d'or est remplacée par une loi de probabilité. Admettre que la maîtrise du projet musical comme architectural puisse être «abandonnée» aux lois du hasard marque une rupture d'avec les règles de composition classique. Si Le Corbusier n'a pas formulé en ces termes sa propre recherche, l'intégration de la dimension aléatoire dans la démarche architecturale rend cependant compte d'une partie de sa méthode.

La libre association des volumes caractéristique de l'œuvre rend manifeste cette présence du hasard. Les associations auxquelles se livre Le Corbusier pourraient presque être qualifiées de surréalistes. Le collage des éléments entre eux participe d'une sorte d'écriture automatique qui donne toute sa force plastique et critique à cette architecture. Ce renoncement à une partie du contrôle de la forme transparaît avec plus d'évidence encore dans les sculptures dont Le Corbusier laisse à Joseph Savina une part de l'interprétation. «La cathédrale»[58] de 1964 dont le vocabulaire comme la syntaxe retrouvent celle du couvent montre de quelle manière cette volonté d'association libre préside à la recherche de jeux d'opposition, de dissonances, d'imprévus propres à surprendre la raison.

"The Cathedral", 1964 (FLC 43)

«La cathédrale» 1964 (FLC 43)

The free composition of shapes and forms in La Tourette underscores the random aspect. It might even be called surrealist. It is a collage, generating a sort of automatic writing that lends a strongly sculptural and discursive sense to the architecture. This gesture of partly relinquishing control of form is even more apparent in the sculptures Le Corbusier worked on in association with Joseph Savina. For example, the syntax and lexical range of "The Cathedral"[59] (1964) closely resemble the monastery's vocabulary, revealing how a striving for free composition formed the bedrock of a quest for contrast, dissonance and unexpected elements that might take reason and logic unawares.

So capriciousness finally won the day. After Le Corbusier had introduced standards and measurements into his scheme, followed by human proportions and considerations, he eventually let chance and hazard have their way, resulting in seeds of disorder being sown within an over-regulated design process.

The Sculptor

On moving to Paris in 1916, Le Corbusier undertook a painting career; this grew increasingly important for him and he later took it a stage further by working on sculptures and tapestries. He set up an art movement with Amédée Ozenfant, which they called Purism and gave an exhibition in 1918, producing a joint catalogue entitled "Après le Cubisme" [After Cubism]. It was very much through his painting that Le Corbusier was able to "find himself" artistically, as he attested in 1960: "In fact, the key to my artistic creation is my pictorial work

L'arbitraire tant redouté fait par là même retour dans l'œuvre, marquant finalement un renoncement à une tentative de maîtrise absolue du processus de création. Après avoir introduit dans son projet le standard et sa mesure, puis l'homme et ses proportions, finalement c'est le hasard, l'arbitraire présidant à toute destinée qui vient mettre un peu de désordre dans un processus trop bien réglé.

Le plasticien

À son arrivée à Paris en 1916, Le Corbusier entreprend une carrière de peintre qui prendra une importance croissante dans son travail et que viendront compléter ses travaux de sculpture et de tapisserie. Il avait créé avec Amédée Ozenfant un mouvement artistique, le Purisme, dont les thèses seront exposées en 1918 dans un ouvrage commun, «Après le Cubisme». C'est bien dans son travail de peintre que Le Corbusier a puisé ses premières certitudes: «En vérité, dit-il en 1960, la clef de ma création artistique est mon œuvre picturale entreprise en 1918 et poursuivie régulièrement chaque jour… le fond de ma recherche et de ma production intellectuelle a son secret dans la pratique ininterrompue de la peinture.» C'est dans cette continuité de la recherche plastique, qui occupe à cette époque les matinées de l'architecte, que doit se comprendre le projet de La Tourette.

La formation reçue à la Chaux-de-Fonds l'avait initié à la découverte de la forme à travers les développements de l'Art Nouveau dont son maître L'Eplattenier était l'un des héritiers. Dans leurs échanges épistolaires, Le Corbusier exprime son insatisfaction à l'égard non seulement de cette leçon mais de l'ensemble des propositions rencontrées lors de ses

which I started in 1918 and have kept up regularly, every day (…). The secret to my conceptual and intellectual output lies in my continued practice of painting". At the time of La Tourette, Le Corbusier was devoting each morning to painting and sculpting, which obviously had an important impact on the monastery design.

At Chaux-de Fonds, Le Corbusier had been initiated by L'Eplattenier – his professor and mentor – in Art Nouveau forms. However, in the letters he wrote to L'Eplattenier on his travels around Europe, Le Corbusier expresses his dissatisfaction not only with Art Nouveau in general but with everything on offer in the European arena. The Germanic school was one notable example, for it taught him how machines could instil rationality but he found the artistic element rather lacking. This long period of inner searching, which eventually led him to Paris, ended when he came to grips with art movements ranging from Fauvism to Cubism in which the issue of form and space was reassessed. Amédée Ozenfant helped Le Corbusier find his way in this new world he had come to a little late in the day and which was to be the springboard of his lifelong "patient search". Le Corbusier summed up the universe he had discovered: "precise facts, precise figurations, precise and formal architecture, as pure and simple as a machine".[60] The "purist" vision of modernity as portrayed in his paintings also appears literally in his architectural works. The rationality of the machine strips the volumes down by outlining their contours, framing the surrounding space and weaving the composition. In contrast to the tangled explosion of colour in Cubist art, Charles-Edouard

voyages en Europe. L'école germanique lui a fait comprendre l'apport rationnel de la machine mais ne le convainc pas de sa plasticité. La longue période de doute qui l'achemine finalement à Paris s'achève avec la compréhension du mouvement artistique qui de Matisse au Cubisme a renouvelé l'appréhension de la forme et de l'espace. Amédée Ozenfant n'est pas étranger à cette découverte, somme toute tardive, qui engage le futur Le Corbusier dans la «recherche patiente» qui ne le quittera plus. Cette découverte, Le Corbusier la résume en ces mots: «des faits rigoureux, des figurations rigoureuses, des architectures rigoureuses, formelles, aussi purement et simplement que sont les machines.»[59] La relecture «puriste» de la modernité picturale apparaît littéralement dans ses œuvres. Le rationalisme de la machine a en quelque sorte épuré les volumes en soulignant les contours, cadrant l'espace, tramant la composition. À l'éclatement et l'enchevêtrement cubistes Charles-Edouard Jeanneret (Le Corbusier) oppose une volonté de clarification par la séparation des plages colorées et la segmentation des formes. La force expressive de l'œuvre est recherchée dans une quête d'épuration permettant d'accéder à une ascèse spirituelle: «Résumons-nous, sensations brutes, couleurs et formes pures: art supérieur.»[60] Cette recherche le conduit à la découverte des principes qui vont marquer son architecture: le choix de matériaux bruts, la décomposition en volumes simples, la définition d'une palette de couleurs naturelles.

Cette palette reposait sur deux gammes: les couleurs primaires d'une part, les terres d'autre part. Dans l'église, seul élément recevant un véritable traitement coloré, Le Corbusier a restreint son choix aux couleurs primaires. Distribuées en aplats, elles contrastent violemment avec

Jeanneret (Le Corbusier) clearly divided the coloured surfaces and segmented the shapes. The poetic force of the œuvre is achieved through a quest for purity that paves the way to spiritual asceticism: "Let us resume: violent sensations and pure forms and colours – art of a higher order in other words".[61] Le Corbusier's explorations and discoveries stamp his architectural pieces, as is manifested in his use of untreated materials, simple volumes and a palette of natural colours.

His palette contained two ranges: primary colours and earth colours. The church in La Tourette (the part of the monastery that is the most splashed with colour) is clad in primary tones. They were applied boldly, clashing with one another and contrasting sharply with the grey concrete. Colour is not intended as a seduction device here but as a way of purging the shapes. It actually deconstructs the volumes and picks out the planar surfaces, the aim being to prevent the grey concrete and the whitewash from seeming too sterile. Their initial brute force is thus accentuated via the colour that wages war against them.

Such use of colour puts a finishing touch to the act of individualizing sculptural objects, which are already strongly characterized due to their contrasting shapes. Le Corbusier's work therefore has to be understood as a dual thought-process which constantly feeds the contradictions it stages. Critics commenting on his theoretical writings have even drawn on the rhetorical figure of paradox in an attempt to describe his approach, claiming that it cultivated antithesis and generated such sayings as: "Modern decorative art is not decorated"

le gris du béton ou les couleurs voisines. La couleur n'est pas convoquée pour séduire mais pour épurer la lecture des volumes. Elle déconstruit les volumes, distingue les plans. Le gris du béton comme le blanc du lait de chaux ne doivent pas être aseptisés par leur homogénéité. Leur brutalité initiale leur est restituée par la couleur qui leur fait violence.

L'utilisation de la couleur parachève un travail d'individuation des objets plastiques déjà fortement caractérisés par l'opposition de leurs formes. L'œuvre de Le Corbusier se saisit dans la découverte d'une pensée duelle qui ne cesse de se nourrir des «contradictions» qu'elle met en scène. À propos des écrits théoriques, la critique a ainsi évoqué la figure rhétorique du paradoxisme pour tenter de qualifier cette démarche cultivant l'antithèse et qui donnait lieu à des formules telles que «l'art décoratif n'a pas de décor» ou «la courbe de l'échine est aussi raisonnable que celle d'un gros obus». La contradiction propre à l'espace du verbe et du concept n'opère pas de la même manière dans le champ plastique. La tension née du rapport entre la paroi de béton brut de l'église et la parabole rouge de la sacristie introduit plutôt à une dimension de l'espace qui ressort d'une «poétique». Le couvent de La Tourette où se rencontrent et s'affrontent l'Unité d'Habitation de Marseille et la Chapelle de Ronchamp, la rationalité profane de la machine à habiter et la spiritualité de la mission dominicaine, participe de cet imaginaire en perpétuelle transformation puisant sa force créatrice dans des conflits dont les entrelacs tissent la vie des sociétés.

and "The curve of the spine makes as much sense as that of a large explosive shell". Furthermore, contrast between the verb and the noun yields particular sensations in sculpture and painting, which explains why the tension created between the bare concrete wall of the church and the bold red of the sacristy lend the space such poetic force.

In short, the Monastery of La Tourette pulls together and sets at odds concepts that can be found in the Unité d'Habitation in Marseilles and the chapel at Ronchamp, for it displays not only the profane rationality of the machine for living but also the spirituality of the Dominican Order. It is a vehicle for expressing a constantly evolving imaginative world, deriving its creative strength from a criss-cross of conflicts that weaves the web of society at large.

Notes

(1) This publication is the outcome of research undertaken by Dessin Chantier (S. Ferro, C. Kebbal, Ph. Potié and C. Simonnet) funded by the Bureau de la Recherche Architecturale.

(2) The Monastery of La Tourette remains faithful to this tradition for it has hosted meetings of the "Economie et humanisme" movement and is currently home to the Thomas More Centre.

(3) This sculpture was made in 1957 by J. Savina, based on a drawing by Le Corbusier dated 1955. Le Corbusier wrote to J. Savina, saying: "Here are some guidelines, but do whatever you wish", which offers insight into how he went about delegating work (quoted in "Le Corbusier, Savina, Sculptures", Ed. Ph. Sers, Paris 1984.

(4) Le Corbusier, "Vers une architecture", Flammarion, Paris 1995, p 178; translated into English by Frederich Etchells as "Towards a New Architecture", Architectural Press (1987), p.218.

(5) Id., p.179.

(6) Their name derives from the shapes created by the openings, which recall these two letters.

(7) The same kind of off-centre pyramid can be found on the roof of the Parliament building in Chandigarh.

(8) The Pavilion also sported an early version of the "acoustic conch".

(9) The organ case was not initially included in the design but was added as part of a more detailed design study. Originally cylindrical, it was later replaced by the rectangular shape we can see today. Le Corbusier wanted to place symbols of the Dominican Order along the small low wall that separates the nave from the organ case, asking for various designs to be drawn up and sent to him.

(10) Quoted by Danièle Pauly in "Le Corbusier: La chapelle de Ronchamp; The Chapel at Ronchamp", p. 122, Birkhäuser – Publishers for Architecture, Basel Boston Berlin 1997.

(11) Le Corbusier, "Croisade ou le Crépuscule des académies", Ed. Crès, Paris, 1933.

(12) In 1948 Couturier had posed as Saint Dominic for Matisse, who used the drawing for his ceramic design at Vence.

Notes

(1) Ce travail est issu d'une recherche menée par le laboratoire Dessin chantier (S. Ferro, C. Kebbal, Ph. Potié, C. Simonnet) et financée par le Bureau de la recherche architecturale.

(2) Fidèle à cette tradition, le couvent de La Tourette a accueilli le mouvement «Economie et humanisme» et reçoit aujourd'hui le «Centre Thomas More».

(3) Cette sculpture réalisée en 1957 par J. Savina, reprend un dessin de Le Corbusier de 1955. Le Corbusier écrit à ce propos à J. Savina «Voici une indication. Vous demeurez libre», nous renseignant ainsi sur sa conception de la division du travail, (citée dans «Le Corbusier, Savina, Sculptures», Ed. Ph. Sers, Paris 1984.

(4) «Vers une architecture», Le Corbusier, Flammarion, Paris 1995, p. 178.

(5) Ibid. p. 179.

(6) Le choix de cette terminologie tient aux dessins formés par les ouvertures qui rappellent ces deux lettres.

(7) On retrouvera cette pyramide décentrée sur le toit de l'Assemblée de Chandigarh

(8) A l'intérieur on découvrait déjà une «conque acoustique».

(9) La place du buffet d'orgues n'avait pas était traitée dans un premier temps. Ce dernier fut ajouté lors d'une étude plus précise, sur l'extérieur du volume en prenant initialement une forme cylindrique plus tard remplacée par la forme rectangulaire qu'on lui connaît. Sur le petit muret qui sépare la nef du buffet Le Corbusier voulait faire figurer des symboles de l'ordre dominicain et il demanda qu'on lui fît parvenir les différents dessins de ces symboles.

(10) Citée par Danièle Pauly, guide «Le Corbusier: La chapelle de Ronchamp», p. 123, Ed. Birkhäuser, Basel Boston Berlin 1997.

(11) Le Corbusier «Croisade ou le Crépuscule des académies», Ed. Crès, Paris, 1933.

(12) Le Père Couturier posa en 1948 comme modèle pour un Saint Dominique à la demande de Matisse qui réutilisa ce dessin pour la céramique de Vence.

(13) «Le poème de l'angle droit» contient des phrases évocatrices de cette pensée religieuse «Dans le sac de sa peau, faire ses affaires à soi et dire merci au Créateur.» p. 92 «Laisser fusionner les

(13) "Le poème de l'angle droit" contains passages that evoke religious thought: "Within the pannier of its skin, prepare one's affairs and thank the Creator" p. 92; "Let the metals merge – tolerate alchemies (…)" p. 114; "Modern cathedrals shall be built on this alignment of fish, horses, Amazons, constancy, uprightness, patience, expectation, (…) desire and vigilance. The splendor of bare concrete shall, I feel, shine forth, as shall the greatness of marrying lines and weighing forms" p. 138, "Who, then, is Belzébuth?" p. 74.

(14) "Le Corbusier" – last article written by RP Couturier in "L'Art Sacré" No. 7–8, March/April 1954, pp. 9–10.

(15) I wish to thank Antoine Lion who pointed out this article to me, for it sheds invaluable light on the commission of La Tourette.

(16) M.A. Couturier, "Magnificence de la pauvreté", L'Art Sacré, 1950, p. 8.

(17) Xenakis joined the atelier in rue de Sèvres just as it was being divided into a design office (Rue de Sèves) with Le Corbusier at the helm, and an operational office (AT.BAT.), led by Vladimir Bodiansky and headquartered in Rue des Augustins.

(18) Interview with I. Xenakis, November 1984.

(19) Iannis Xenakis, in "Le Corbusier , le Couvent de La Tourette", Parenthèses, Marseilles 1987, foreword.

(20) The roof of this housing scheme is patterned by small arches.

(21) Le Corbusier interviewed by the Dominican monks in October 1960; published in "Le Couvent Sainte-Marie de La Tourette construit par Le Corbusier", L'Art Sacré, Paris, No. 7–8 March/April 1960.

(22) The Dominicans were counting on post-war reconstruction funds, but they discovered a little late in the day that these were reserved for housing.

(23) For instance, the large swivel door was only built in 1985, and the north door in 1993. The south door still has to be built.

(24) Memo from Fernand Gardien dated 21 April 1961, stating: "Le Corbusier wishes the ceiling to be used for soundproofing and the walls to be left in shuttered concrete".

(25) Memo from Le Corbusier to André Wogenscky, 13 March 1956.

métaux – tolérez des alchimies…» p. 114 «Les cathédrales modernes se construiront sur cet alignement des poissons, des chevaux, des amazones, la constance la droiture, la patience, l'attente le désir et la vigilance. Apparaîtront je le sens la splendeur du béton brut et la grandeur qu'il y aura eu à penser le mariage des lignes, à peser les formes» p. 138, «Qui est donc en définitive Belzébuth?…» p. 74.

(14) «Le Corbusier», dernier article du RP Couturier dans «L'Art sacré» n° 7–8, mars avril 54, pp. 9–10.

(15) Je dois à Antoine Lion l'indication de cet article qui éclaire la commande du couvent.

(16) M.A. Couturier, «Magnificence de la pauvreté», «L'Art sacré», 1950, p. 8.

(17) Il rejoindra L'atelier de la rue Sèvres lors de la scission de l'AT.BAT.

(18) Entretien avec Iannis Xenakis, novembre 1984.

(19) Iannis Xenakis, in «Le Corbusier, le Couvent de La Tourette», Ed. Parenthèses, Marseille 1987, préface.

(20) Ce projet d'habitation est caractérisé par un couvrement constitué d'une série de petites voûtes.

(21) Entretien de Le Corbusier avec la communauté dominicaine en octobre 1960, publié dans «Le Couvent Sainte-Marie de La Tourette construit par Le Corbusier» «L'Art sacré», n° 7–8 mars avril, Paris 1960.

(22) Les Dominicains comptaient sur les aides provenant des destructions de guerre, mais ils découvrirent un peu tard que ces subventions étaient réservées aux bâtiments d'habitation

(23) La grande porte pivotante ne date que de 1985, la porte nord de 1993. La porte sud n'est toujours pas réalisée.

(24) Une note de Fernand Gardien du 21 avril 1961 précise «Le Corbusier envisagerait l'acoustique par le plafond en laissant les murs en béton banché.»

(25) Note de Le Corbusier à André Wogenscky, 13 mars 1956.

(26) André Wogenscky à Le Corbusier, 21 mars 1956.

(27) René Gagès avait dû s'opposer aux pressions diverses qui tendaient à imposer les entreprises régionales Pitence et l'Avenir qui ne maîtrisaient pas cette technique.

(28) Un grand nombre d'immeubles de plusieurs étages du centre de Lyon sont construits sur ce principe, mais la tech-

(26) André Wogenscky to Le Corbusier, 21 March 1956.

(27) René Gagès must have held out against pressure usually applied in the region to use Pitence et l'Avenir – local contractors who did not know how to work with bare concrete.

(28) A large number of multistorey buildings in central Lyons were built using this system, but the most striking example can be found in the farm buildings constructed in the north of Isère.

(29) FLC K3-17-135.

(30) Opening ceremony of the Monastery of La Tourette; speech by Le Corbusier published in Jean Petit, "Un couvent de Le Corbusier", Forces Vives, Paris, 1961.

(31) Le Corbusier "Unités d'habitation de grandeur conforme", April 1957. FLC A3-1.

(32) In J. Petit, "Le Corbusier par lui-même", p. 40 and plan FLC 1234.

(33) In Le Corbusier, Œuvre complète 1929–34, p. 132, Birkhäuser – Publishers for Architecture.

(34) Description of the monastery in "Garland Archives".

(35) "I have studied the issue of gardens at length. I have seen so many, in so many places and it pains me to see errors that can damage the overall work so greatly". (Letter from Charles Edouard Jeanneret to Mme Anatole Schwob, 30 September 1917. La Chaux-de-Fonds public library, Le Corbusier ms 111).

(36) "L'Architecture vivante", autumn/winter issue 1927.

(37) Plan FLC 1212.

(38) Plan FLC 1303.

(39) "Cinq questions à Le Corbusier", Zodiac No. 7, 1960, p. 50.

(40) Concerning the history of reinforced concrete, see Gwenael Delhumeau, "L'invention du béton armé", Norma, 1999, Paris, and Cyrille Simonnet, "Histoire d'un matériau, le béton", Parenthèses, Marseilles 2000.

(41) Charles L'Eplattenier (1874–1946): "Up to 1907 I had, in my native town, the good fortune to have a master worthy of the name. 'L'Epplatenier' as we called him, was a fascinating teacher. He it was who first opened the gates of art to me". Le Corbusier Œuvre Complète, 1910–1929, p. 11.

nique est surtout visible dans la construction des ensembles agricoles du nord Isère.

(29) FLC K3–17–135.

(30) Inauguration du couvent de La Tourette, allocution de Le Corbusier reproduite dans Jean Petit, «Un couvent de Le Corbusier», Forces Vives, Paris, 1961.

(31) Le Corbusier «Unités d'habitation de grandeur conforme», avril 1957. FLC A3–1.

(32) In J. Petit, «Le Corbusier par lui-même», p. 40 et plan FLC 1234.

(33) In: Le Corbusier «Œuvre complète» 1929–34, p. 132, Birkhäuser – Editions d'Architecture.

(34) Présentation du couvent dans l'édition «Garland Archives».

(35) «J'ai tant étudié la question des jardins, et j'en ai tant vu partout, que je suis navré de voir commettre des erreurs capables de nuire si fortement à l'ensemble». (Lettre de Charles Edouard Jeanneret à Mme Anatole Schwob, le 30 septembre 1917. La Chaux-de-Fonds, Bibliothèque de la ville, Le Corbusier ms 111).

(36) «L'Architecture vivante», automne-hiver 1927.

(37) Plan FLC 1212.

(38) Plan FLC 1303.

(39) «Cinq question à Le Corbusier», Zodiac n° 7, 1960, p. 50.

(40) Concernant l'histoire du béton armé, on consultera Gwenael Delhumeau, «L'invention du béton armé» Norma, 1999, Paris, et Cyrille Simonnet «Histoire d'un matériau, le béton», Ed. Parenthèses, Marseille 2000.

(41) Charles L'Eplattenier (1874–1946), «Jusqu'en 1907, dans ma ville natale, j'ai eu le bonheur d'avoir un maître, L'Eplattenier, qui fut un pédagogue captivant, c'est lui qui m'a ouvert les portes de l'art.» Le Corbusier, Œuvre Complète, 1910–1929 p. 8.

(42) C'est sous la direction de L'Eplattenier et de Chapallaz que Jeanneret et ses jeunes confrères entreprennent cette œuvre qui utilise notamment une technique de peinture à fresque réintroduite en Suisse par Gottfried Semper.

(43) «Les Constructions Murondins», Paris/Clermont-Ferrand, Ed. Chiron 1942.

(44) «Étude sur le mouvement d'art décoratif en Allemagne» sera publié dès 1912.

(42) Jeanneret and his young colleagues worked on this project under the tutelage of L'Eplattenier and Chapallaz. They notably used a fresco painting technique that had recently been reintroduced into Switzerland by Gottfried Semper.

(43) "Les Constructions Murondins", Paris/Clermont-Ferrand, Ed. Chiron 1942.

(44) "Étude sur le mouvement d'art décoratif en Allemagne" was published in 1912.

(45) This event included a presentation by Théodor Fisher and Karl Ernst on "Materials and style".

(46) Le Corbusier, "L'art décoratif aujourd'hui", p. 24, translated into English by James Dunnett as "The Decorative Art of Today", Architectural Press (1987), p. 122.

(47) See note 17 for information on AT.BAT.

(48) Le Corbusier had been struck by traditional ceramic motifs that he had come across in Central Europe during his early travels.

(49) Xenakis had initally joined AT.BAT., before reporting directly to Le Corbusier.

(50) Interview with Iannis Xenakis, November 1984.

(51) The profiling of the Parthenon is presented in "Vers une architecture" as an invention by the sculptor Phidias, while the "standard" building of the temple was clearly the work of "engineers" (Ictinos and Callicrate).

(52) Le Corbusier, "Towards a New Architecture", p. 218

(53) Le Corbusier, "Le poème de l'angle droit", Ed. Tériade, Paris 1955, p. 150.

(54) Le Corbusier interviewed by the Dominican monks, op. cit.

(55) "Towards a New Architecture", p. 75.

(56) Le Corbusier first encountered this at the Charterhouse of Ema.

(57) Le Corbusier interviewed by the Dominican monks, op. cit.

(58) N. Matossian, "Iannis Xenakis", Fayard, 1981, p. 79.

(59) "Le Corbusier, Savina, Sculptures", Ph. Sers, Paris 1984, p. 85.

(60) Le Corbusier, "Après le cubisme", Ed. des commentaires, Paris, 1918, p. 34.

(61) Le Corbusier, "Après le cubisme", Ed. des commentaires, Paris, 1918, p. 19.

(45) A cette occasion Théodor Fisher et Karl Ernst Osthaus présentent et développent le thème «Matériau et style».

(46) Le Corbusier, «L'art décoratif d'aujourd'hui», Ed. Crès, Paris, 1925, p. 24.

(47) Le Corbusier fut très sensible aux motifs de la céramique traditionnelle d'Europe Centrale au cours de ses premiers voyages.

(48) Ce dernier était entré initialement à l'AT.BAT. avant de dépendre directement de Le Corbusier.

(49) Entretien avec Iannis Xenakis, novembre 1984.

(50) La modénature du Parthénon est ainsi présentée dans le dernier chapitre de «Vers une architecture» comme l'intervention spécifique de Phidias (sculpteur et plasticien) alors que la production du temple et la définition de son «standard» ne pouvait être que le travail des «ingénieurs» (Ictinos et Callicrate).

(51) Le Corbusier, «Vers une architecture», Ed. Crès, Paris, 1923, p. 178–179.

(52) Le Corbusier, «Le poème de l'angle droit», Ed. Tériade, Paris, 1955, p. 150.

(53) Le Corbusier, «entretien avec la communauté» op. cit.

(54) Le Corbusier, «Vers une architecture», Ed. Crès, Paris, p. 57.

(55) Rappelons que cette conjonction fut découverte à la Chartreuse d'Ema.

(56) Le Corbusier entretien avec la communauté op. cit.

(57) N. Matossian, «Iannis Xenakis», Fayard, 1981, p. 79.

(58) «Le Corbusier, Savina, Sculptures», Ed. Ph. Sers, Paris 1984, p. 85.

(59) Le Corbusier, «Après le cubisme», Ed. des commentaires, Paris 1918, p. 34.

(60) Le Corbusier, «Après le cubisme», Ed. des commentaires, Paris 1918, p. 19.

Bibliography/Bibliographie

Sergio Ferro, Cherif Kebbal, Philippe Potié et
    Cyrille Simonnet : Le Corbusier, le cou-
    vent de La Tourette, éd. Parenthèses,
    Marseille 1987.
Le Corbusier, une encyclopédie, éd. du centre
    Pompidou/CCI, Paris 1987.
Jean Petit : Un couvent de Le Corbusier, Forces
    Vives, Paris 1961.
Le Corbusier : Entretien sur le couvent de La
    Tourette, L'Art sacré, n° 7/8, 1er trimes-
    tre, Paris 1960.
W. Boesiger : Le Corbusier, Œuvre complète
    1952–57 et 1957–65, Birkhäuser –
    Editions d'Architecture, Basel Boston
    Berlin.
Le Corbusier: Vers une Architecture, Editions
    Flammarion, Paris 1995
Le Corbusier: L'Art Décoratif d'Aujourd'hui,
    Editions Flammarion, Paris 1996

Illustration Credits / Crédits iconographiques

All illustrations reproduced in this book have
    been taken from the Archives of the
    Fondation Le Corbusier, Paris.
Tous les documents iconographiques de cet
    ouvrage sont issus des archives de
    la Fondation Le Corbusier, Paris. Le
    Corbusier

Couvent Sainte-Marie de La Tourette
69210 Eveux (N7 depuis Lyon)
Tel: +33 (0)4.74.26.79.70

L'Œuvre de Le Corbusier chez Birkhäuser
The Works of Le Corbusier published by Birkhäuser

Le Corbusier
Œuvre complète/Complete Works
8 volumes
Français/English/Deutsch

Volume 1: 1910–1929
W. Boesiger, O. Stonorov (Ed.). 216 pages,
600 illustrations. Relié/hardcover,
ISBN 978-3-7643-5503-6

Volume 2: 1929–1934
W. Boesiger, H. Girsberger (Ed.). 208 pages,
550 illustrations. Relié/hardcover,
ISBN 978-3-7643-5504-3

Volume 3: 1934–1938
M. Bill (Ed.). 176 pages, 550 illustrations.
Relié/hardcover, ISBN 978-3-7643-5505-0

Volume 4: 1938–1946
W. Boesiger (Ed.). 208 pages, 259 illustrations.
Relié/hardcover, ISBN 978-3-7643-5506-7

Volume 5: 1946–1952
W. Boesiger (Ed.). 244 pages, 428 illustrations.
Relié/hardcover, ISBN 978-3-7643-5507-4

Volume 6: 1952–1957
W. Boesiger (Ed.). 224 pages, 428 illustrations.
Relié/hardcover, ISBN 978-3-7643-5508-1

Volume 7: 1957–1965
W. Boesiger (Ed.). 240 pages, 459 illustrations.
Relié/hardcover, ISBN 978-3-7643-5509-8

Volume 8: 1965–1969
W. Boesiger (Ed.). Textes par/texts by
A. Malraux, E. Claudius Petit, M. N. Sharma,
U. E. Chowdhury. 208 pages, 50 colour,
254 b/w illustrations. Relié/hardcover,
ISBN 978-3-7643-5510-4

Le Corbusier: OEuvre complète/
Complete Works
8-volume set. En cassette/boxed. 1708 pages,
2687 photos, esquisses/sketches, plans.
Relié/hardcover, ISBN 978-3-7643-5515-9

Le Corbusier 1910–1965
W. Boesiger, H. Girsberger (Ed.). Français/
English/Deutsch. 352 pages, 248 photos,
179 plans, 105 esquisses/sketches. Brochure/
softcover, ISBN 978-3-7643-6036-8

Le Corbusier
Une petite maison
Textes et mise en page par Le Corbusier/
written and designed by Le Corbusier.
Français/English/Deutsch. 84 pages, 72 b/w
illustrations. Brochure/softcover
ISBN 978-3-7643-5512-8

Le Corbusier
Willy Boesiger (Ed.). Français/Deutsch.
260 pages, 525 illustrations. Brochure/
softcover
ISBN 978-3-7643-5930-0

Immeuble 24 N.C. et Appartement
Le Corbusier/
Apartment Block 24 N.C. and
Le Corbusier's Home
Guides Le Corbusier
Jacques Sbriglio. Français/English. 120 pages,
67 b/w illustrations. Brochure/softcover
ISBN 978-3-7643-5432-9

Le Corbusier:
Les Villas La Roche-Jeanneret/
The Villas La Roche-Jeanneret
Guides Le Corbusier
Jacques Sbriglio. Français/English. 144 pages,
15 colour, 62 b/w illustrations.
Brochure/softcover
ISBN 978-3-7643-5433-6

Le Corbusier:
La chapelle de Ronchamp
The Chapel at Ronchamp
Guides Le Corbusier
Danièle Pauly. 108 pages, 15 colour and
58 b/w illustrations.
Brochure/softcover
ISBN 978-3-7643-8233-9 Français
ISBN 978-3-7643-8232-2 English

Le Corbusier:
La Villa Savoye
The Villa Savoye
Guides Le Corbusier
Jacques Sbriglio. 144 pages, 33 colour,
81 b/w illustrations. Brochure/softcover
ISBN 978-3-7643-8231-5 Français
ISBN 978-3-7643-8230-8 English

Le Corbusier:
L'Unité d'habitation de Marseille/
The Unité d'Habitation in Marseilles
Guides Le Corbusier
Jacques Sbriglio. Français/English. 244 pages,
34 colour, 107 b/w illustrations.
Brochure/softcover
ISBN 978-3-7643-6718-3

Le Corbusier:
Le Couvent Sainte Marie de La Tourette/
The Monastery of Sainte Marie de
La Tourette
Guides Le Corbusier
Philippe Potié. Français/English. 136 pages,
20 colour, 72 b/w illustrations.
Brochure/softcover
ISBN 978-3-7643-6298-0

Le Corbusier:
Le Modulor et Modulor 2
The Modulor and Modulor 2
2-volume set. En cassette/boxed.
579 pages, 298 b/w illustrations.
Brochure/softcover
ISBN 978-3-7643-6187-7 Français
ISBN 978-3-7643-6188-4 English

Le Corbusier:
Les Quartiers Modernes Frugès
THe Quartiers Modernes Frugès
Guides Le Corbusier
Marylène Ferrand, Jean-Pierre Feugas,
Bernard Le Roy, Jean-Luc-Veyret
Français/English. 144 pages, 20 coloured and
72 b/w illustrations.
Brochure/softcover
ISBN 978-3-7643-5808-2

Sacred Concrete
The Churches of Le Corbusier
Flora Samuel, Inge Linder-Gaillard.
English. 232 pages, 70 colour,
170 b/w illustrations.
Relié/hardcover
ISBN 978-3-0346-0823-7

Le Corbusier and the Architectural
Promenade
Flora Samuel. English. 224 pages, 37 colour,
184 b/w illustrations.
Relié/hardcover
ISBN 978-3-0346-0607-3

The Rhetoric of Modernism:
Le Corbusier as a Lecturer
Tim Benton. English. 247 pages,
120 colour, 35 b/w illustrations.
Relié/hardcover
ISBN 978-3-7643-8944-4

Heidi Weber – 50 Years Ambassador
for Le Corbusier 1958–2008
Heidi Weber. Français/English/Deutsch.
208 pages, 127 colour, 71 b/w illustrations.
Relié/hardcover
ISBN 978-3-7643-8963-5

Birkhäuser Verlag GmbH
Allschwilerstrasse 10
P.O. Box 44
CH-4055 Basel
Switzerland
www.birkhauser.com